LOVE DON'T LIVE HERE NO MORE

SNOOP DOGG
MIT DAVID E. TALBERT

LOVE DON'T LIVE HERE NO MORE

DOGGY TALES VOL. 1

SCHWARZKOPF & SCHWARZKOPF

WIDMUNG

Für alle, die in den Innenstädten des schwarzen Amerika leben, egal ob ihr dort aufgewachsen, von dort geflüchtet, dageblieben oder wieder zurückgekehrt seid. Wir hoffen, dass diese Geschichte und ihre Charaktere euch so berühren werden, wie sie uns auch berührt haben.

SNOOP DOGG & DAVID E. TALBERT

PROLOG

ES WAR SO WEIT

Mein Herz raste wie verrückt, als ich so schnell ich konnte die Treppe runterrannte. »Bleib, wo du bist«, hatte er gesagt. »Ich hab's unter Kontrolle.« Aber ich würde ihn nicht alleine lassen. Er war schließlich der einzige Vater, den ich je hatte.

Vierter Stock!

Außerdem war alles meine Schuld. Es war mein Kampf, den er da kämpfte. Was als kleiner Schulhof-Beef zwischen mir und Chino angefangen hatte, war jetzt ein echter Krieg.

Dritter Stock!

Ich schwitzte wie Sau und alles Mögliche schoss mir durch den Kopf. Vielleicht wäre das alles nicht passiert, wenn ich nie angefangen hätte, Dope zu verkaufen. Irgendwas musste ich tun. Ich musste ihn retten – so wie er mich gerettet hatte.

Zweiter Stock!

»Wenn's zu Ende geht, musst du loslassen!« Wie ein Echo hallten seine Worte immer wieder in meinem Kopf.

»Scheiß drauf! Wenn's wirklich zu Ende geht, dann nicht ohne mich!«

Erster Stock!

Ich war fast da. Beinahe brach ich mir den Knöchel, als ich über eine Bierpulle stolperte, die im Hausflur rumlag. Ich war völlig außer Atem, aber durch das Fahrstuhlgeräusch wusste ich, dass ich es rechtzeitig geschafft hatte. Vorsichtig öffnete ich die Tür zur Tiefgarage und lugte um die Ecke. Als er vorbeilief, konnte ich einen Hauch seines Drakkar-Parfüms riechen.

Dann hörte das quietschende Geräusch seiner wie immer nagelneuen Sneakers plötzlich auf. Ich wartete einen Moment. Die Tür seines Pick-ups wurde geöffnet, dann hörte ich, wie die automatische Garagentür aufging. Ich sah immer noch durch den Türspalt und schirmte meine Hand gegen die blendenden Scheinwerfer ab.

Plötzlich quietschende Reifen. Dann lautes Gebrüll und Schüsse.

Shit, es war so weit.

Noch mehr Schüsse, dann Stille.

Wenn schon alles zur Hölle gehen sollte, dann sicher nicht so!

Ich griff in meinen Rucksack.

Da waren die beiden Glock 9.

Es war Zeit, sie zu benutzen.

1. KAPITEL

HELLO GHETTO TO A SON TO A MOTHA

Es waren die Achtziger; Sommer 1989, um genau zu sein. Hip-Hop hatte eine echte Message. Rebellisch und kraftvoll. Aus den Radioboxen hämmerten Public Enemy: »Fight the power. We got to fight the powers that be.«

Aber egal wie viel sozialkritischen Revoluzzer-Rap wir hörten: Kleine Niggaz wie wir drehten trotzdem frei – ganz besonders ich und mein Bruder Bing. Pflastersteine flogen durch Autoscheiben, Kaugummis verklebten Schlüssellöcher und in dem kleinen Eckladen verschwanden die Süßigkeiten wie von Geisterhand.

Auf den Straßen hingen wir mit den Baby-Bitches aus der Hood ab, die für uns ihre T-Shirts lüfteten und uns ihre Mini-Titties zeigten. Zugegeben – besonders groß waren sie nicht, aber für uns war's trotzdem Bombe. Wir waren jung, hatten Spaß und lebten einfach drauflos. Wir trieben uns auf den Straßen rum, bis es dunkel wurde und eine der Grandmas in Blümchen-Kittel und rosa Puschen auf die Veranda kam und uns verjagte. »Wenn ich wegen euch von meiner Veranda runter muss, dann ...!«

Eigentlich wünschten wir uns immer, dass wenigstens eine von ihnen tatsächlich mal von ihrer Veranda runterkäme, aber in der Hood waren die Grandmas so was wie Ghetto-Göttinnen. Was sie sagten, galt für alle, selbst für uns. Wenn sie eine Ansage machten, sahen wir zu, dass wir uns auf unseren Billig-Chucks aus dem Staub machten.

ES WAREN DIE ACHTZIGER; SOMMER 1989, UM GENAU ZU SEIN; HIPHOP HATTE EINE ECHTE MESSAGE. REBELLISCH UND KRAFTVOLL. AUS DEN RADIOBOXEN HÄMMERTEN PUBLIC ENEMY: „FIGHT THE POWER. WE GOT TO FIGHT THE POWERS THAT BE."

Unser Leben hätte nicht schöner sein können. So schlimm die Hood von außen erscheinen mochte – wenn man dazugehörte, war es perfekt. Selbst wenn alles aus dem Ruder lief, machten Niggaz eine Party draus. Als zum Beispiel Mrs Johnson gefeuert wurde und ihr die Räumungsklage auf den Tisch flatterte, organisierte Mrs Jenkins eine Party für die Miete. Da kostete dann ein Teller mit gegrilltem Hähnchen, Salat und Käsenudeln statt zwei Dollar zehn. Als man Mrs Parker das Telefon abschaltete, sorgte Mrs Patterson dafür, dass sie einen neuen Anschluss auf den Namen ihres fünfjährigen Sohnes bekam.

Nichts konnte uns etwas anhaben. Wir hatten zwar nicht viel, aber Ma sorgte immer dafür, dass es einem vorkam, als wäre es mehr. Zum Beispiel die Geburtstage: Wenn Bing an der Reihe war, wurde einfach mein letztes Geburtstagsgeschenk in einen Schuhkarton gepackt. Dann pimpte Ma den Karton mit selbstklebenden Plastik-Schleifen, bevor er Bing überreicht wurde. Wenn Weihnachten die Kohle wieder mal knapp war, gab's eben nur ein Hot-Wheels-Auto, ein Paar Socken und ein Fruit-of-the Loom-Unterhemd. Aber das war alles scheißegal, weil die Kids von der Eastside ihr Spielzeug sowieso teilten – was einer hatte, gehörte allen. Irgendwann entschied Ma dann, in den Norden von Long Beach umzuziehen. Für mich gab es nur einen Unterschied zwischen den Ratten von der Eastside und denen in North Long Beach: Die einen atmeten Meeresluft, die anderen nicht.

Jedenfalls stopften wir eines Tages unseren ganzen Kram in Moms verbeulten dreckig-blauen Chevy Nova und einen gemieteten Anhänger. Als es so weit war, kamen die Kids aus der Hood, um uns zu verabschieden und sangen die Titelmelodie der Fernsehserie *Die Jeffersons*, in der Niggaz aus der Hood in ein Reichenviertel umziehen. Unter einem Feuerwerk von Fehlzündungen fuhren wir unserem neuen Zuhause entgegen.

»Da wären wir«, sagte Ma und lächelte so stolz, als wären wir in Beverly Hills. Dabei war eigentlich alles gleich – überall bröckelte der Putz von den Wänden und die Fenster waren vergittert. Auf der Hauptstraße stand gleich neben dem Laden des Pfandleihers eine Baptistenkirche. Sie war natürlich nicht die einzige Kirche. Es gab noch zwei weitere – eine genau auf der anderen Straßenseite, die andere um die Ecke. Auf den Straßen wankten auch hier Alkis mit Schnapspullen in braunen Papiertüten umher. In Wirklichkeit waren wir nicht aufgestiegen, sondern einfach nur aus einer Hood in die nächste gezogen.

Als Erstes luden wir die gute, in Plastikplane gewickelte Couch ab, auf der wir nie sitzen durften. Es war egal, wer man war – diese Couch war tabu; nicht mal Ma selbst benutzte sie. Als Nächstes war ihr Lieblingssessel an der Reihe, der schon so abgefuckt war, dass man sich fast die Haut von den Schenkeln rieb, wenn man sich darin bewegte. Davon abgesehen kriegte man Druckstellen am Arsch. Er war so alt, dass der gelbe Schaumstoff aus den geplatzten Nähten quoll, wenn man sich draufsetzte. Obwohl Ma ihn bestimmt auch ungemütlich fand, saß sie trotzdem immer drauf. Wenn man sich selbst irgendwo hinpflanzen wollte, blieb einem auch nichts anderes übrig.

Als wir einzogen, lag in der neuen Wohnung noch der abgeranzte beigefarbene Teppich vom Vormieter und im Flur baumelten afrikanische Perlenketten. Wenn man länger als zehn Minuten duschte, wurde das Wasser kalt. Moms Zimmer war etwas größer, aber auch nicht viel geräumiger als das, in dem Bing und ich wohnten. Nachts hörte man durch die dünnen Wände, wie sich die Nachbarn mit billigem Fusel die Hucke zusoffen, bis sie anfingen, sich anzubrüllen: »Ich bring dich um, Bitch!« – »Pass bloß auf, dass ich dich nicht zuerst kaltmache, du stinkender Motherfucka.« Danach ging dann irgendwann das Geficke los: »Bitch, ich besorg's deiner Pussy.« – »Na mach schon – wenn nicht, dann tut's ein andrer Nigga, du Bastard.«

Dann polterte ihr Bett immer so laut gegen die Wand, dass Bing und ich kaum pennen konnten. Außerdem gab es mehr Oh-Mein-Gotts als sonntags in der Kirche.

Ma war trotzdem überzeugt davon, dass es richtig war, umzuziehen. Wir sollten glauben, dass es ihre Entscheidung war, aber in Wirklichkeit war es die Idee von Grandma.

»Blackdammit, Barbara – sieh gefälligst zu, dass du die Jungs aus der Eastside rausbekommst«, hatte Grandma gesagt und sich einen Schluck Schnaps in ihren Morgenkaffee gekippt. »Wenn du's nicht tust, tu ich's. Diese Gegend ist nichts weiter als eine Brutstätte für Ärger«, fügte sie hinzu.

Egal, worüber Grandma sprach, auf jeden Fall kam immer irgendwo ein »blackdammit« vor. Es war ihre Art zu fluchen, ohne zu fluchen.

Egal wie und warum wir hier gelandet waren – auf jeden Fall waren wir hier. Jedes Mal, wenn ich Ma dabei beobachtete, wie sie am Super-Sofa vorbeiging, um sich auf den scheiß-ungemütlichen Sessel zu setzen, hatte ich den gleichen Gedanken: Irgendwann würde sie von mir mehr nagelneue Sofas, Klamotten und Was-weiß-ichs bekommen, als sie sich vorstellen konnte.

Für Bing und mich war Ma so was wie eine Soul-Heldin aus den Siebzigern. Die Black-Power-Zeiten waren zwar schon lange vorbei, aber sie trug immer noch einen Afro und sie sah so

UNSER LEBEN HÄTTE NICHT SCHÖNER SEIN KÖNNEN. SO SCHLIMM DIE HOOD VON AUSSEN SCHIEN – WENN MAN DAZUGEHÖRTE, WAR ES PERFEKT. SELBST WENN ALLES AUS DEM RUDER LIEF, MACHTEN NIGGAZ NOCH EINE PARTY DRAUS.

verdammt gut aus, dass keiner glauben konnte, dass sie schon Kinder hatte. Meine Homies machten immer Witze darüber, wie sexy sie sei, auch wenn sie genau wussten, dass ich solche Witze nicht lustig fand.

Samstagvormittags war bei uns immer großer Hausputz. Im Hintergrund lief meistens Aretha Franklin, *Young, Gifted and Black*, eine Platte, die wir schon auswendig kannten. Während ich zu *Rock Steady* staubsaugte, fegte Bing den Dreck mit einem Handfeger auf das Plattencover von Earth, Wind and Fire's Album *All 'N All* und Ma brüllte im Hintergrund: »Junge, tickst du nicht ganz richtig? Das sind The Elements!«

Manchmal gab Ma uns für das Saubermachen einen Dollar. Damit ich nicht putzen musste, bestach ich Bing oft mit einem Vierteldollar. Da er fünf Jahre jünger war, machte er fast alles für 25 Cent. Eigentlich hätte ich ihm auch gar nichts geben brauchen. Bing und ich waren ein Team! Seinen Spitznamen hatte er sich eingehandelt, als er mit zwei Jahren mit voller Wucht gegen eine Wand geknallt war und sein Kopf mit einem lauten Bing-Geräusch von ihr abprallte. Als er umfiel wie ein gefällter Baum, dachten alle, dass er sich auf jeden Fall monstermäßig den Schädel eingeschlagen hätte, aber er stand einfach auf, als ob nichts passiert wäre und wackelte tapsig davon. Von da ab nannten ihn alle nur noch Bing.

Wenn Ma an den Wochentagen von der Arbeit nach Hause kam, warf sie ihre Schuhe in eine Ecke, schmiss den Grill an und dann gab's Chickenwings, Burger und allerlei anderes Zeug. Eigentlich war jeder Tag wie ein Feiertag und das Leben hätte nicht schöner sein können.

Auch wenn gegessen wurde, lief eigentlich immer Soul-Mucke im Hintergrund – das ganze Programm von Johnnie Taylor bis zu Betty Wright. Moms Lieblingssong war allerdings *Turn Back the Hands of Time* von Tyrone Davis. Wir sangen, lachten, und wenn wir aufgegessen hatten, probierten wir zusammen die heißesten neuen Dance-Moves aus.

Ma, Bing und ich waren nicht nur eine Familie, sondern beste Freunde. Wir hatten nur uns, und mehr brauchten wir auch nicht. Manchmal ließ Ma uns sogar von ihrem Lieblingskognak kosten. Sie goss sich ein Glas Courvoisier ein, ging aus dem Zimmer und tat immer total überrascht, wenn sie wieder zurückkam und das Glas plötzlich leer war. Nicht ein einziges Mal flippte sie aus, obwohl sie genau wusste, dass Bing und ich es weggeschlürft hatten. In unseren Augen war die Welt, in der wir lebten, perfekt. Es war egal, dass manchmal die Stromrechnung nicht bezahlt werden konnte, die Klimaanlage nicht kühlte oder an der Decke ein riesiger Wasserfleck war. Alles schien genau so zu sein, wie es sein musste. Dann stand allerdings eines Tages Tante Estelle mit ihrem abgefuckten Hut, der verfilzten Perücke und einer hundert Kilo schweren Bibel unterm Arm bei uns vor der Tür. Sie war nicht wirklich unsere Tante, sondern eigentlich die Frau von Onkel Donnie. Onkel Donnie, Moms ältester Bruder, war aber nicht bescheuert und hatte sie schon verdammt kurz nach der Hochzeit wieder verlassen. Wir nannten sie trotzdem Tante. In dem Augenblick, in dem ich ihren merkwürdigen Gesichtsausdruck zum ersten Mal sah, wusste ich, dass alles im Arsch war.

2. KAPITEL

HIM AND MOMMA USE TO BE COOL

Mit der Musik war es nun bei uns zu Hause vorbei, und sie kam nie zurück – zumindest nicht die Musik, die wir mochten. Man muss wissen, dass Tante Estelle nicht nur Gott begegnet war, sondern dass sie auch unwiderruflich erleuchtet, feuergetauft und erfüllt vom Heiligen Geist war. Dank der göttlichen Rettung von Tante Estelle erwischte es Ma als Nächste. Ich hatte vorher zwar keine Ahnung, dass sie gerettet werden musste, aber so war es nun mal.

Statt Courvoisier gab's Kommunionswein und statt Soul-Mucke von Roberta Flack und James Brown plötzlich Gospel von Roberta Martin und James Cleveland. Auch unsere langen Abende auf der Straße waren Vergangenheit. Von nun an hieß es »Beten statt Feten«, und Ma tanzte höchstens noch in der Kirche.

Dass wir zur Kirche gingen, war nichts Neues. Wer eine Grandma hatte wie wir, kam am lieben Gott gar nicht vorbei. Aber der liebe Gott meiner Grandma war irgendwie anders drauf als der von Tante Estelle. Im Gegensatz zu ihr wusste Grandma über die Schwäche des Fleisches genau Bescheid, was man nicht zuletzt daran erkannte, dass in ihrem Schrank eine fette Schrotflinte und eine Flasche Jack Daniels zu finden waren.

»Und der Herr sagte: Die Rache ist mein«, sagte sie immer. »Er gibt uns Barmherzigkeit und Gnade ... aber von mir kriegt

FÜR MICH GAB ES NUR EINEN UNTERSCHIED ZWISCHEN DEN RATTEN VON DER EASTSIDE UND DENEN IN NORTH LONG BEACH: DIE EINEN ATMETEN MEERESLUFT, DIE ANDEREN NICHT.

ein Nigga die Smith&Wesson, wenn's sein muss. Gott hilft denen, die sich selber helfen.«

Sie verdrehte die Bibelstellen immer so, wie es ihr gerade passte. Besonders kreativ war sie, wenn sie ein, zwei Gläschen intus hatte. Ihr Gott machte Spaß.

Tante Estelle hatte Ma in einen völlig fremden Menschen verwandelt. Weder sie noch ihr Gott waren wiederzuerkennen. Plötzlich waren wir fünfmal in der Woche in der Kirche. Montagabend: Gebetsstunde. Dienstagabend: Bibelunterricht. Mittwochabend: Missionsabend. Am Donnerstagabend saßen wir in der Kirche rum und fragten uns, wie wir die Veranstaltung nennen sollten. Freitagabend: Jugendtreff. Samstag ging es dann zwar nicht in die Kirche, aber wir mussten mit Ma und Tante Estelle die Straßen unseres Viertels abklappern, wo sie versuchten, Leute zu konvertieren. Sie waren schlimmer als die Zeugen Jehovas. Wenn die nämlich klingelten, konnte man ihnen die Tür vor der Nase zuknallen, aber was will man machen, wenn man mitten auf der Straße angequatscht wird?

Tante Estelle war so nervig, dass es mich echt wunderte, dass keiner von den Jungs auf der Straße ihr mit seiner Bierpulle einen überbriet. Einmal hat ein Typ wenigstens seinen Rottweiler auf sie losgelassen. Die Perücke flog in die eine Richtung, die Bibel in die andere. Es war das Lustigste, was Bing und ich je gesehen hatten. Wenn Ma uns nicht mit einem drohenden Blick Einhalt geboten hätte, würden wir wahrscheinlich heute noch lachen.

Leider war dieser unterhaltsame Augenblick nur eine kurze Auszeit von der Folter, die Tante Estelle Religion nannte. An dem Tag, an dem selbst Gott Pause gemacht hatte, mussten wir bei allen drei Vormittags-Gottesdiensten auf der harten Holzbank hocken und Kirchenlieder trällern. Auf eine kurze Mittagspause mit Fried Chicken folgte der Nachmittagsgottesdienst. Dann wieder kurze Pause, Fried Chicken, Abendgottesdienst, Fried Chicken.

Bing und ich litten. Schlimmer konnte es eigentlich nicht werden.

Wir mussten die Zehn Gebote auswendig lernen, obwohl wir sie nicht befolgten, und das Alte sowie das Neue Testament lesen, obwohl sie uns scheißegal waren. Selbst die Nummer mit dem ewigen Leben war seit Tante Estelles Auftauchen zu einer echten Horrorvorstellung geworden.

Wir waren nicht einmal mehr Moms beste Freunde: Jesus hatte uns verdrängt. Ich wusste, dass sie Al Green genauso vermisste wie wir, aber das änderte nichts daran, dass sie ununterbrochen zur Kirche rannte. Offensichtlich suchte sie etwas, das Bing und ich ihr nicht geben konnten, sondern nur Jesus.

Da es zu Hause keinen Spaß mehr gab, musste ich woanders danach suchen. Es war Zeit für einen neuen besten Freund.

3. KAPITEL

BREAK THE RULES (WHY, WHY) AS TIME GOES BY

1990 war der Crack-Sommer und nicht einmal Jesus persönlich schien die verlorenen Seelen retten zu können. Die Hood veränderte sich mit rasender Geschwindigkeit.

Mrs Parkers Haar, das immer perfekt gesessen hatte, war jetzt ungekämmt. Ihre Socken und der Rest ihrer Klamotten waren verdreckt. Das Haus, in dem sie früher Partys geschmissen hatte, um anderen aus der Patsche zu helfen, war jetzt eine Crack-Höhle.

»Was machen die da drin?«, fragte Bing, als er die Zombies sah, die aus dem Haus mit den schwarzen Metallgittern stolperten.

»Auf jeden Fall etwas, wobei du dich nie von mir erwischen lassen solltest«, antwortete ich, nahm Bing am Arm und zog ihn weg.

Fat Shawn, Mrs Johnsons Sohn, war der Football-Star aus unserer Gegend. Fast alle Unis des Landes hatten ihm schon Stipendien angeboten. Er war 1,95 Meter groß, wog 120 Kilo und ließ sich jede Woche seine extrem kurzen Haare schneiden. In der einen Hand hatte er immer seinen Holzkamm und in der anderen eine heiße Bitch. Dann kam Crack, und zwei Monate später wog er nur noch achtzig Kilo und hatte kein einziges Stipendium mehr. Zwei weitere Monate danach sah er aus wie achtzig, trug einen verfilzten Afro und an seiner Seite hing eine

WIR WAREN NICHT EINMAL MEHR MOMS BESTE FREUNDE: JESUS HATTE UNS VERDRÄNGT. ICH WUSSTE, DASS SIE AL GREEN GENAUSO VERMISSTE WIE WIR, ABER DAS ÄNDERTE NICHTS DARAN, DASS SIE UNUNTERBROCHEN ZUR KIRCHE RANNTE.

zahnlose, heruntergekommene Hexe, die er wie eine Prinzessin behandelte.

Zwei Monate darauf war Fat Shawn tot.

Ein Geschäft nach dem anderen ging pleite. Nur die Pfandleihe boomte, weil die Crack-Niggaz ihre Fernseher, Videorekorder, Nintendos und sogar ihre Pampers-Packungen zu ihm brachten, um Geld aufzutreiben.

Eines Tages kam einer dieser Crack-Typen mit einer Zahnprothese in der Hand auf mich zu.

»Zieh dir das rein, die hab ich für 'nen Fünfer bekommen. Die sind mindestens dreihundert wert, die sind heiß!«

»Verpiss dich mit dem Scheiß«, sagte ich und stieß ihn aus dem Weg, damit Bing und ich weitergehen konnten.

Crack machte die Leute schneller fertig als alles, was es bis dahin gegeben hatte. Ma wusste zwar, was auf den Straßen abging, aber sie war sich sicher, dass ihre Jungs nie darin verwickelt werden würden.

»Das ist das Werk des Teufels«, brüllte Tante Estelle. »Erziehung, Barbara! Erziehung ist das Wichtigste! Das ist alles eine Strafe dafür, dass Adam den Apfel gegessen hat. Seitdem weiß der Teufel, wie er es anstellen muss. Herr, sei mit uns!«

Natürlich war ich neugierig. Ich fragte mich, wie die Leute so schnell so viel Gewicht verlieren konnten. Es funktionierte jedenfalls besser als alle Diätprogramme. Crack brachte die Leute um. An einem Tag sah man jemanden noch auf der Straße rumlungern, am nächsten war er für immer verschwunden.

Nachts konnte ich kaum schlafen, weil auf den Straßen mehr los war als tagsüber. Geschrei, Fluchen und der Lärm von Prügeleien drangen in unser Schlafzimmer. Manchmal konnte ich den Crack-Rauch sogar riechen. Nachdem ich mir monatelang nur vorgestellt hatte, was da draußen vor sich ging, entfernte ich eines Nachts die Pappe, die vor den Sprung in der Scheibe geklebt war. Ich wollte die Sprache der Straße ungefiltert hören – *Nigga*; *Fuck you*; *Kiss my black ass*.

Das war genau die Welt, vor der Ma uns beschützen wollte. Es kam mir so vor, als würde ich das alles zum ersten Mal hören, und ich begann, die Dinge aufzuschreiben, die ich hörte. »Ulysses, was machst du da?«, murmelte Bing im Halbschlaf.

»Nichts«, antwortete ich. Mein Bleistift schien wie von selbst über die Pappe zu fliegen. Als die Pappe voll war, schrieb ich an der Wand weiter.

»Ma wird dir den Arsch versohlen, wenn du an die Wand schreibst ... und meinen auch, damit ich nicht auf dumme Ideen komme«, sagte Bing schlaftrunken.

»Mann, schlaf einfach weiter.«

Trotzdem hatte er wahrscheinlich recht. Also ging ich zu den Papierservietten über, die Ma für besondere Gelegenheiten und Gäste aufhob. Für Stoffservietten reichte die Kohle nicht. Irgendwann besorgte ich mir dann einen Schreibblock. Nacht für Nacht schrieb ich vor mich hin. Die Blätter versteckte ich unter der Matratze. Schreiben wurde sowohl meine Flucht vor der Realität als auch der Versuch, einer sinnlosen Welt einen Sinn zu geben.

4. KAPITEL

GETTIN' WOMEN HAVIN' MONEY

Der Sommer war vorbei und mein sechzehnter Geburtstag stand vor der Tür. Endlich! »Wird's nicht endlich Zeit für ein bisschen Pussy?«, fragte mein Kumpel Herc. Ich wusste, dass er mich verarschen wollte.

»Schon passiert«, antwortete ich unbestimmt.

»Wer denn?«, bohrte Herc weiter.

»Deine Mutter, wer sonst!«, rief ich und rannte. Herc spurtete hinter mir her und brüllte: »Wenn ich dich kriege, bist du fällig.«

Wenn es um ihren Schwanz ging, logen alle Niggaz. Also warum sollte es bei mir anders sein?! Später wurde mir klar, dass die Wirklichkeit sowieso nie so heiß ist wie die Fantasie. Damals erzählte man sich gegenseitig stundenlang irgendwelche Lügengeschichten. Oft kam es fast zu Prügeleien, weil die Homies sich so reinsteigerten, dass sie am Ende echt glaubten, dass ihre Geschichten stimmten.

»Ich dachte, du hast letzte Woche diese College-Tussi geknallt«, rief einer.

»Hab ich auch«, erwiderte sein Kumpel.

»Aber mir hast du doch erzählt, es war die Cousine«, sagte ein anderer.

»Sag ich doch – die College-Tussi *und* ihre Cousine.«

HERC WAR DER AUSSENSEITER UND ICH DER NEUE. WIR PASSTEN PERFEKT ZUSAMMEN. DIE MEISTEN ERSTEN MALE ERLEBTEN WIR GEMEINSAM: DIE ERSTEN WIRKLICH GROSSEN TITTEN, DER ERSTE JOINT, DAS ERSTE BIER.

In Wirklichkeit wusste jeder, dass man Bullshit erzählte, aber das war irgendwie scheißegal. So war's nun mal in der Hood, vor allem wenn mehrere Homies auf einem Haufen saßen.

Nur wenn Herc und ich alleine unterwegs waren, gab's fast keinen Bullshit. Herc war mein Homie, mein Bruder. Wir kannten uns schon, seit Ma uns nach North Long Beach verfrachtet hatte. Er gehörte nie wirklich irgendwo dazu. Das lag vielleicht auch daran, dass seine Mutter immer seine Privatangelegenheiten auf die Straße posaunte.

Mehr als einmal hörte man sie von der Veranda schreien: »Hercules Vernon! Dein Bett ist wieder nicht gemacht!« Und dann flippte sie richtig aus. Eine Hand an ihrer Hüfte aufgestützt, gestikulierte sie mit der anderen, als wäre sie in einen Fliegenschwarm geraten. »Sieh zu, dass du deinen Arsch in Bewegung setzt, bevor ich es tue!«, brüllte sie.

Herc war der Außenseiter und ich der Neue. Wir passten perfekt zusammen. Die meisten »ersten Male« erlebten wir gemeinsam: die ersten wirklich großen Titten, der erste Joint, das erste Bier. Fehlte noch Sex, wobei Herc schwor, dass ihn schon eine rangelassen hatte. Ich wusste aber, dass es nicht stimmte.

»Alter, ich hab schon mehr Muschis gesehen als ein Frauenarzt«, gab er an.

Ich wusste genau, dass er Schwachsinn erzählte, aber mir war's egal. Irgendwann würde es schon so weit sein.

»Fuck, wer ist das denn«?, flüsterte Herc, als der Umzugswagen vor dem Haus hielt.

Aus der Beifahrertür stieg ein hellhäutiges Mädchen mit Sommersprossen und Zopf. Sie trug einen Minirock und zeigte mehr Bein, als die Polizei erlaubt. Sie war nicht älter als wir, aber schon voll entwickelt – ein Körper wie eine ausgewachsene

Lady! Schenkel, Brüste und einen Hintern, auf dem man bequem ein Glas hätte abstellen können. Wir grinsten uns an.

»Die ist für mich«, sagte Herc und schlug sich gegen den Brustkorb.

»Abwarten«, antwortete ich. Gespannt warteten wir darauf, wen von uns beiden sie ansehen würde.

»Siehst du, sag' ich's doch«, sagte Herc, als sie an uns vorbeigelaufen war.

»Nix seh' ich. Mich hat sie angeschaut, es sei denn, sie schielt!«

»Weißt du was? Fick dich«, blaffte er mich an.

»Nein danke, aber wie wär's, wenn ich *sie* ficke?!«, schlug ich vor, während wir sie dabei beobachteten, wie sie ins Haus ging. Als sie die Stufen zur Haustür hochging, war ihr Minirock kurz davor, aus allen Nähten zu platzen.

Am nächsten Tag warteten wir vor der Tür auf sie, aber sie kam nicht. Auch am Tag darauf ließ sie sich nicht blicken. Dann, am ersten Schultag, tauchte sie endlich wieder auf. Ich ließ Herc einfach stehen und ging zu ihr.

»Hey, wie heißt du?«, fragte ich sie.

»Mishi, und du?«

»Ulysses.«

Wir gingen nen Moment schweigend nebeneinander her.

»Und wo kommst du her?«

»Lynwood«, antwortete sie.

»Welche Klasse?«

»Neunte.«

»Neunte?! Bei dem Körper? Was tun sie denn in Lynwood ins Wasser rein?«

»Oh, das war witzig ... Was würdest *du* denn gern reintun?«, erwiderte sie und saugte langsam an ihrem roten Lutscher.

Ich hatte zwar kaum Erfahrung mit solchen Dingen, aber ihr Blick sagte alles.

»Warum lügst du mich an?«, fragte Herc, als ich ihm später davon erzählte.

»Bei meiner Mutter«, schwor ich mit der Hand auf der Brust.

»Und was hast du geantwortet?«

»Nix hab ich gesagt.«

»Komm schon, ich bin dein Homie. Mir kannst du's doch erzählen«, antwortete Herc. »Aber sag's niemand anderem. Weil die Niggaz dich sonst entweder für ein Weichei oder einen Freak halten.«

»Stimmt doch gar nicht.«

»Wenn man eine Bitch fragt, was man bei ihr zu Hause ins Wasser reintut, und sie dich fragt, was *du* gern reinmachen willst, dann ist das eine eindeutige Einladung zum Ficken. Gib's zu, Digga, du hast Schiss.«

»Auf keinsten«, antwortete ich laut, fast aggressiv.

»Warum führst du dich dann auf wie eine Pussy?«

»Nix Pussy!! ... Ich bin nur ein bisschen nervös, okay?!«

Herc sah in meinen Augen, dass ich seine Hilfe brauchte, also schmiedeten wir zusammen den perfekten Plan, wie ich Mishi erobern konnte.

»Okay, Alter, versau's nicht.«

»Das reicht. Ich hab's unter Kontrolle!«, sagte ich, weil ich langsam keinen Bock mehr auf Ratschläge von einem Mothafucka hatte, der eigentlich selbst keinen Durchblick hatte.

BUDDHA WAR RIESIG, SCHWARZ WIE DIE NACHT, EXTREM SLICK UND HATTE DIE COOLSTEN BEGRÜSSUNGEN DRAUF. AUCH BEI SEINEM STYLE LIESS ER NICHTS ANBRENNEN – ER HATTE IMMER DIE NEUESTEN UND TEUERSTEN JOGGINGANZÜGE UND DIE PASSENDEN BRANDNEUEN SNEAKERS.

Der Plan war einfach: Ich würde kurz vor dem Sportunterricht aus der Schule verschwinden und mich mit Mishi unter der Tribüne in der Sporthalle treffen. Gesagt, getan. Als draußen alle ihre Runden rannten, schlich ich mich in die Halle und versteckte mich unter der Tribüne.

»Hast du Schiss?«, hörte ich plötzlich jemand flüstern. Es war Herc, der sich am anderen Ende der Tribüne versteckt hatte.

Was zur Hölle macht der jetzt hier, fragte ich mich.

»Was zur Hölle soll der Scheiß? Sie kann jeden Augenblick kommen!!«, flüsterte ich, so laut es ging, ohne dass mich Mishi hören würde, wenn sie käme.

»Vergiss nicht, es gibt zwei Löcher – eins wo's reingeht und eins wo's rausgeht. Und wenn sie ihre Zunge im Uhrzeigersinn bewegt, bewege deine in die entgegengesetzte Richtung!«

So schnell, wie er aufgetaucht war, war er auch wieder verschwunden.

»Hey Baby.«

Es war Mishi. Der Rock war noch kürzer als der beim letzten Mal und ihre Hand war schon bei der Begrüßung an meinem Gürtel.

»Ich hab schon den ganzen Tag an dich gedacht«, sagte sie.

Sie öffnete meinen Gürtel so schnell wie eine Entfesslungskünstlerin ... na ja, auf jeden Fall schneller, als ich es gekonnt hätte.

»Ich ... habe auch an dich gedacht«, stotterte ich, während sie mich an sich zog.

Sie öffnete ihren Mund, ich öffnete meinen. Was hatte Herc gesagt – Uhrzeigerrichtung oder entgegengesetzt? Ich hatte es vergessen, also ließ ich sie einfach machen.

»Weißt du, dass es mein erstes Mal ist?«, fragte sie, als sie erst meine Hose und dann meine Boxers runterzog. Schon war sie auf den Knien. Ich konnte fast nicht mehr stehen und fragte mich nur die ganze Zeit, warum ich so lange damit gewartet hatte. Es war der Hammer.

Dann stand sie auf.

»Hat dir das gefallen?«, fragte sie, schob ihren Rock nach oben und zog ihren Slip aus.

»Oh ja!«

»Dann wirst du lieben, was jetzt kommt«, sagte sie, nahm mich bei den Schultern und zog mich mit nach unten. Plötzlich lag ich auf ihr.

Ich stocherte hilflos rum, bis sie ihre Hand zur Hilfe nahm und mir den Weg zeigte. Als sie begann, ihre Hüften zu bewegen, tat ich dasselbe. Als sie stöhnte, begann auch ich zu stöhnen. Mir kam es vor, als wäre die Zeit stehengeblieben.

Jedenfalls für die zwei Minuten, bis ich explodierte wie ein Vulkan.

Ich ließ mich auf den Rücken rollen.

»Wow«, sagte sie. »Genau so, wie ich es mir immer vorgestellt hatte. Ich bin froh, dass du der Erste warst.«

Als die Schulklingel das Ende der Stunde verkündete, war ich offiziell keine Jungfrau mehr.

5. KAPITEL

AS TIME GOES BY

Als Nächstes machte ich meinen Führerschein. Allerdings konnte ich zuerst nicht viel damit anfangen. Ma nach ihrem Auto zu fragen, war so, als würde man sie um eine Niere bitten.

»Auf gar keinen Fall fährst du meinen Wagen«, sagte sie. »Ich habe nur ein gottverdammtes Auto und das lasse ich mir sicher nicht von dir zu Schrott fahren ... verzeih mir, Herr«, murmelte sie. »Wegen dir hätte ich fast geflucht.«

Das klang mir ganz nach einem Nein.

Zum Glück gab es andere Leute, die mir ihr Auto borgten; zum Beispiel mein Homie Buddha, sozusagen der Drogenbeauftragte der Hood. Er hatte nicht nur Kohle und Weiber, sondern auch einen Benz. Buddha war riesig, schwarz wie die Nacht, extrem slick und hatte die coolsten Begrüßungen drauf. Auch bei seinem Style ließ er nichts anbrennen – er hatte immer die neuesten und teuersten Jogginganzüge und die passenden brandneuen Sneakers. Die Reißverschlüsse seiner Oberteile waren niemals bis oben hochgezogen, sondern nur bis genau zu seinem nackten, massiven Bauch, bis wohin drei oder vier Vierzehn-Karat-Goldketten hingen. An einer dünneren Kette baumelte ein Mercedes-Stern.

»Du kannst ruhig 'ne Runde um den Block drehen ... aber wenn du meinen Wagen abfuckst, bist du dran.«

Ich glaubte nicht, dass er es ernst meinte, aber sicher war ich mir nicht. Er warf mir die Schlüssel zu seinem 560 SEC zu, der mit Lorenzo-Chromfelgen und rauchschwarz getönten Scheiben am Straßenrand stand.

»Ich würde nicht mit Buddhas Auto fahren«, sagte Herc.

»Warum nicht?«

»Warum nicht?! Weil er mehr kostet, als ihr, du und deine Ma, jemals verdienen werdet.«

»Kommst du nun mit, oder nicht?«

»Nein, Digga! Auf keinsten!«

Ich machte die Tür auf, stieg ein, stellte meinen Fuß aufs Gaspedal und fuhr ganz langsam los, um eine Runde um den Block zu drehen.

»Das Ding kann auch schneller«, brüllte Buddha, und seine Jungs lachten. Sie machten sich oft über mich lustig, aber ich wusste, dass sie mich nur testen wollten.

Aus irgendeinem Grund half Buddha mir manchmal aus – zum Beispiel als Black Rob, ein berüchtigter Schläger, Bing und mich disste und sagte, er hätte unsere Mutter gevögelt. Bing fing an zu heulen, aber ich nahm einen Stein, warf ihn Rob gegen die Schläfe und rannte, was das Zeug hielt.

Leider hatte ich ihn nicht so gut getroffen und Sekunden später kniete Black Rob über mir und hätte mich wahrscheinlich totgeprügelt, wenn Buddha nicht aufgetaucht wäre. »Du willst dich prügeln? Wie wär's mit mir?«, sagte Buddha.

In der Hood wusste jeder genau, mit wem man sich anlegen konnte und mit wem nicht. Buddha war definitiv kein Nigga, mit dem man Stress haben wollte.

Ich hatte nie einen Vater oder einen großen Bruder, und irgendwie wurde Buddha beides für mich. Davon abgesehen hatte er das tighteste Apartment der ganzen Gegend. Von außen war das Haus nur ein stinknormaler Wohnblock, aber seine Wohnung war wie eine kleine Villa. An den Wänden hingen überall Bilder von weißen Männern, die ich noch nie in meinem Leben gesehen hatte. Wenn man von John F. Kennedy und dem Jesus-Bild absah, das Tante Estelle mit Tesafilm in ihre Bibel geklebt hatte, sah man in meiner Gegend eigentlich nie Weiße. Buddha hatte Möbel, die man nur aus Zeitschriften kannte, und aus Plastik war bei ihm schon mal gar nichts.

Buddha besaß sogar ein fettes, schwarz glänzendes Klavier, auf dem eine Büste von einem Homie stand, der aussah wie George Washington. »Beethoven«, erklärte Buddha. Sein Plüschteppich war so dick, dass man bei jedem Schritt fünf Zentimeter tief einsank. Jedes Zimmer war anders tapeziert und im Wohnzimmer hatte er schon einen riesigen Fernsehbildschirm, als noch kaum jemand wusste, dass es so was gab. Und damit meine ich nicht die alten, kaputten Teile mit den monströsen Holzrahmen, auf die man die kleinen Kofferfernseher stellte.

Außerdem hatte Buddha ein abgefahrenes Aquarium. Seine Fische waren so lebendig und farbig wie bei *Jacques Cousteau's Geheimnisse des Meeres*.

Das Beste an seiner Wohnung war jedoch der Schrank in seinem Schlafzimmer. Er war nicht einfach nur begehbar, sondern man konnte eigentlich darin wohnen. Es gab eine Wand voller Jogginganzüge und unendlich viele Regale mit ungeöffneten Sneakers-Schachteln. Buddha brachte oft die heißesten Bräute der Hood mit nach Hause und steckte mich in den Schrank, damit ich zuhören konnte. Es war das perfekte Versteck.

»Du bist zu jung, um so was zu sehen«, sagte er. »Aber nicht zu jung, um zuzuhören.«

IRGENDWANN BESORGTE ICH MIR EINEN SCHREIBBLOCK. NACHT FÜR NACHT SCHRIEB ICH VOR MICH HIN. DIE BLÄTTER VERSTECKTE ICH UNTER DER MATRATZE. SCHREIBEN WURDE SOWOHL MEINE FLUCHT VOR DER REALITÄT ALS AUCH DER VERSUCH, EINER SINNLOSEN WELT EINEN SINN ZU GEBEN.

Buddha bekam mehr Action als meine uralte Spielkonsole. Er legte eine nach der anderen flach, und die Weiber kicherten von dem Moment an, in dem sie seine Wohnung betraten, bis sie sie wieder verließen. Ich wunderte mich immer wieder darüber, dass bei dem Gekreische der Frauen nie jemand die Bullen geholt hatte. Wahrscheinlich kannten ihn seine Nachbarn lange genug und wussten, dass dort niemandem Schmerzen zugefügt wurden – zumindest keine ungewollten.

»So wird's dir auch eines Tages gehen«, meinte Buddha zu mir, als seine Begleitung schon die Wohnung verlassen hatte, um den Fahrstuhl zu holen. »Du wirst alle Bitches haben können, die du willst«, sagte er noch und folgte dann seinem Mädchen. Buddha fuhr seine Ladys immer nach Hause.

Er war für mich der König der Welt, und ich wollte so sein wie er. Schon bald nahm er mich mit, wenn er durch die Gegend cruiste und hier und dort anhielt und mit »Was geht ab, Buddha?« oder »Alles tight, Digga?« begrüßt wurde.

Irgendwann begann ich, über unsere Erlebnisse zu texten: Das Auffüllen der Bestände jeden zweiten Tag oder die Bräute, die ihm für ein bisschen Dope einen Blow-Job anboten. Manchmal nahm er das Angebot an, manchmal verwies er sie an mich.

»Ein faires Geschäft, kein Beschiss«, sagte Buddha immer, wenn er sich den Hosenstall wieder zugeknöpft hatte und mit Vollgas um die Kurven bretterte. »Was schreibst du da eigentlich?«, fragte er mich, als ich wieder einmal meine Gedanken notierte. »Bist du ein Scheiß-Bulle, oder was?«

»Nein, Mann ... ich ... sind nur Texte, nichts weiter.«

»Her damit«, sagte er und riss mir das Notizbuch aus der Hand. »Yo, die sind gar nicht übel«, sagte er nach einer Weile, während seine Augen zwischen Straße und Notizbuch hin und her schossen.

»Echt?«, fragte ich und war stolz, dass ich ihn beeindruckt hatte.

»Sieh zu, dass sie dir nicht geklaut werden. Wär Scheiße, wenn ich irgend'nem Motherfucka wegen so was das Hirn wegblasen muss«, sagte er. »Noch beschissener wär natürlich, wenn da irgendwo mein Name auftaucht und ich *dir* das Hirn wegblasen müsste«, fügte er lachend hinzu.

Ich schaffte es noch gerade rechtzeitig nach Hause, bevor die Straßenlaternen angingen. Zu Hause saßen Ma und Tante Estelle vor drei oder vier geöffneten Bibeln.

»Er treibt sich rum, Barbara«, sagte Tante Estelle im Schaukelstuhl wippend. »Mit dem Teufel!« Sie zeigte mit ihrem knochigen Zeigefinger in meine Richtung. »Komm her«, sagte sie.

Ich drehte mich um und wollte in mein Zimmer gehen.

»Ulysses, du hast deine Tante verstanden«, sagte Ma. »Schwing deinen Hintern hierher.«

Abweisend stellte ich mich vor die heilige Tante.

»Der faule Geruch der Sünde«, sagte sie schnüffelnd. »Das riecht nicht gut, Barbara«, fuhr sie fort. »Seit Adam den Apfel gegessen hat, gibt's nichts als Leid und Gottlosigkeit auf dieser Erde. Erziehung, ich sag's dir, Barbara, Erziehung!«

Während sie weitermeckerte, drehte sich alles in meinem Kopf. Ich wusste, dass sie nicht Unrecht hatte, aber es war nicht der Teufel.

Es war Buddha.

6. KAPITEL

WANNA BE GROWN OUT ON YOUR OWN

Als ich die Augen aufmachte, sah ich eine Nakamichi-Stereoanlage, die mehr kostete, als wir Miete bezahlten. Scheiße! Ich war bei Buddha eingepennt.

Ich sprang auf, rannte aus der Wohnung, die Treppen runter, an den würfelnden Homeboys vorbei und nach Hause.

Wenn Ma mich nicht killen würde, würde mir Tante Estelle mindestens eine Extraportion Bibelzitate einprügeln.

Es war das erste Mal, dass ich die ganze Nacht weggeblieben war. Ich hatte wegen Buddha, seinen Homies und den Bräuten einfach die Zeit vergessen.

Während ich nach Hause rannte, konnte ich nur daran denken, was mich erwartete. Ich war ja nicht nur eingepennt, sondern hatte es auch nicht in die Schule geschafft. Wer nicht pünktlich kam, wurde nicht mehr reingelassen. Wenn es um die Schule ging, verstand Ma wirklich keinen Spaß. Sie konnte ja nicht ahnen, dass ich mit meinem ganz persönlichen Bildungsprogramm genug um die Ohren hatte und nicht im Traum daran dachte, damit aufzuhören.

Als ich endlich ankam, dachte ich: *Sie bringt mich um. Hundert Pro!* Vorsichtig öffnete ich die Tür und hoffte, dass Ma nicht zu Hause war. War sie aber ...

»Wo zur Hölle hast du gesteckt, Ulysses?«, brüllte sie sofort. »Was denkst du dir eigentlich dabei?«

ICH HATTE NIE EINEN VATER ODER EINEN GROSSEN BRUDER, UND IRGENDWIE WURDE BUDDHA BEIDES FÜR MICH. DAVON ABGESEHEN HATTE ER DAS TIGHTESTE APARTMENT DER GANZEN GEGEND.

»Am liebsten würde ich dir, vergib mir, Herr, den Schädel einschlagen«, keifte Tante Estelle, die mit ihrer kleinen Reisebibel bewaffnet im Hintergrund stand.

Bestimmt hatte sie versucht, Ma mit irgendwelchen Psalmen zu trösten oder sie hatte ihr die Feuer-und-Schwefel-Stellen vorgelesen, die mich zur ewigen Hölle verdammten.

»Wo warst du?«, schrie Ma wieder. »Ich war die ganze Nacht wach und habe mich zu Tode geängstigt.«

»Und ich habe gebetet«, fügte Tante Estelle hinzu. »Erziehung, Barbara, Erziehung!«

Tante Estelles Hände waren in Gebetsstellung, der Kopf mit den fest geschlossenen Augen nach oben gerichtet. Ihre Lippen bewegten sich, ohne dass ein Geräusch zu hören war.

»Und Winkie war auch die ganze Nacht wach. Er ist extra aus Hawthorne hergekommen!«

Fuck! Bitte nicht auch noch Onkel Winkie.

»Ich hab' dir von Anfang an gesagt, dass der kleine Scheißer nur Ärger macht. Du hättest mit mir nach Hawthorne kommen sollen.«

Onkel Mike, Moms jüngerer Bruder, war der Allerletzte, den ich jetzt gebrauchen konnte. Mike war zwar ein erwachsener Mann, aber alle außer Bing und mir nannten ihn immer noch Winkie. Wir fanden, dass ein erwachsener Mann gefälligst auch einen Erwachsenennamen haben sollte.

Onkel Mike war fünfunddreißig, aber er benahm sich wie ein Dreizehnjähriger. Wenn er vorbeikam, konnten wir immer das Chaos beseitigen, das er hinterließ. Immer und überall musste Ma ihm seinen ganzen Scheiß hinterherräumen. Dieser Nigga war so unselbstständig wie ein Kleinkind. Und wie fast alle Versager war er natürlich nie an etwas schuld.

»Na, Neffe«, sagte Onkel Mike und schüttelte den Kopf. »Diesmal hast du echt verkackt, wie's scheint ...«

»Winkie, bitte«, sagte Ma und warf einen ängstlichen Blick auf Tante Estelle.

Am liebsten hätte ich ihm sein bescheuertes Grinsen aus dem Gesicht geschlagen, aber das ging nicht. Dass Onkel Mike ab und zu versuchte, Ma unter die Arme zu greifen, war super, aber leider gab's gleichzeitig für Bing und mich immer einen auf den Deckel.

Er und Ma waren wie wir ohne Vater aufgewachsen, und so hatte Mike sich in den Kopf gesetzt, für uns den Ersatzpapa zu spielen.

»Und wegen dir ist sie noch nicht auf Arbeit«, sagte er. »Du weißt doch selbst, dass wir die Kohle brauchen ... ich meine, dass *sie* die Kohle braucht.«

»Wer nicht arbeitet, soll auch nicht essen«, fügte Tante Estelle hinzu.

»Und ich bin hier sowohl der Mann als auch die Hausfrau«, sagte Ma.

»Was zur Hölle denkst du dir dabei, deine Mutter von der Arbeit abzuhalten?«, zeterte Mike.

»Der Herr mag es nicht, wenn man Arbeit oder Gottesdienste verpasst.«

Es war wie ein Orchester – ich wurde von allen Seiten gleichzeitig belegt. Das Gebrülle hörte erst auf, als Ma ihre Sachen nahm, um loszugehen.

»Du bleibst schön zu Hause, Freundchen«, sagte Ma, wobei sie erst auf mich und dann auf den Fußboden zeigte. »Verstanden? Du bleibst hier und treibst dich nicht auf der beschissenen Straße rum!«, übersetzte Onkel Mike.

»Mike!«, sagte Ma vorwurfsvoll. »Komm, Estelle, ich setz dich an der Kirche ab.«

»Du stinkst wie ein Soldat des Teufels. Ich sollte dir mit der Bibel eins verpassen. Erziehung, Barbara, Erziehung!«, murmelte sie. Dann ließen sie mich mit Onkel Mike alleine.

»Du wirst dich auf den Straßen rumtreiben und am Ende Drogen verkaufen und irgendwelche Bitches schwängern«, sagte Mike, der offensichtlich nach jedem Vorurteil suchte, das in seiner weichen Birne abgespeichert war. Dann stellte er sich direkt vor mich hin und sah mich an, als ob er mir eine scheuern wollte. Aber ich wusste genau, dass er sich das nicht trauen würde, weil der Ersatzpapa sich dann nämlich selbst eine ordentlich Abreibung eingefangen hätte.

»Du bleibst schön zu Hause«, äffte er Ma nach. »Genau wie deine Mutter es gesagt hat!«

»Wir klären das, wenn ich wieder da bin«, rief Ma vom Hausflur aus, und zwar laut genug, dass alle Nachbarn es auch hören konnten.

Mir war klar, dass ich diesmal um eine saftige Bestrafung nicht herumkommen würde. Früher wurde mir der Hintern versohlt, aber dafür war ich mittlerweile zu alt. Das letzte Mal als Ma versucht hatte, mich zu schlagen, war es auch darum gegangen, dass ich zu spät nach Hause gekommen war. Sie holte aus, aber ich wehrte ihre Hand einfach ab. Wir sahen uns in die Augen und wussten beide, dass die Zeit des Arsch-Versohlens ein für alle Mal vorbei war.

Da saß ich dann also, glotzte aus dem Fenster und langweilte mich zu Tode. Je länger ich aus dem Fenster sah, desto mehr Dinge fielen mir auf, die ich vorher nie bemerkt hatte. Irgendwie sah tagsüber alles anders aus als nachts. Zum Beispiel fiel mir

WIR SAHEN UNS IN DIE AUGEN UND WUSSTEN BEIDE, DASS DIE ZEIT DES ARSCH-VERSOHLENS EIN FÜR ALLE MAL VORBEI WAR.

auf, dass das Haus auf der anderen Straßenseite gar nicht grau war. In der Vormittagssonne konnte man erkennen, dass es eigentlich ein schmutziges Blau war.

Sogar die Crack-Freaks sahen anders aus – irgendwie noch kränker: Ihre Haut und Lippen waren aschfahl und an den zuckenden, eingefallenen Gesichtern konnte man die Gier nach dem nächsten Zug erkennen. Ich nahm mein Notizbuch, schrieb auf, was mir durch den Kopf ging, und begann mir Geschichten darüber auszudenken, wie die Leute solche Opfer geworden waren.

Dann sah ich Buddhas Wagen. Wie immer umschwärmten die Leute ihn wie die Fliegen, aber nicht, um mit Buddha abzuhängen oder die Beats aus seiner fetten Anlage zu bewundern. Sie kamen an sein Fenster und wenn sie sich begrüßten, tauschten sie irgendetwas aus.

Es war der Hammer: Buddha machte tagsüber offensichtlich noch mehr Geld als nachts. Ich beobachtete, wie er am Straßenrand parkte und dass alle zwei Minuten jemand vorbeikam und etwas mit ihm austauschte. Es waren extrem viele Leute dabei, von denen man nie gedacht hätte, dass sie zu Buddha gingen. Aber wahrscheinlich war tagsüber wirklich die günstigste Zeit: Es gab keine neugierigen Freizeit-Spione, weil die Leute alle brav arbeiten waren und die Kids, die es ihren Eltern petzen konnten, waren in der Schule.

Einer von Buddhas Kunden war Mr Washington, der in der 53. Straße eine Autowerkstatt hatte. Sogar Mrs Thompson tauchte irgendwann auf, die in der Obst-und-Gemüse-Abteilung im Supermarkt arbeitete. Anscheinend kiffte fast jeder und Buddha verdiente sich eine goldene Nase. Kein Wunder, dass er so lebte und sich so einen Schlitten leisten konnte. Zusätzlich zum

Cash gab's von Mr Washington krasse Autofelgen und immer einen vollen Kühlschrank dank Mrs Thompson.

Als Buddha bemerkte, dass ich am Fenster stand, winkte er mich zu sich nach draußen. Wenn meine Mutter nach Hause kommen würde und ich nicht zu Hause wäre, würde sie mir eine ordentliche Tracht Prügel verpassen. Zumindest würde sie es versuchen.

Aber was hatte ich schon zu verlieren? Ich steckte sowieso schon bis zum Hals in der Scheiße, also warum sollte ich mich nicht amüsieren?!

Ich schlich aus der Hintertür, sah mich um, ob ich beobachtet wurde und rannte zu Buddha.

»Was geht, Homie? Keine Schule?«, fragte er.

»Hab verpennt«, antwortete ich.

»Hab ich mir schon gedacht. Kannst ja heute mit mir abhängen.«

Ich sah auf die Uhr an seinem Armaturenbrett. Meine Mutter würde frühestens in fünf Stunden wieder da sein, Bing in drei. Also stieg ich ein.

Die Beats hämmerten aus den Boxen und sein Benz setzte sich langsam in Bewegung.

»Große Dinge kommen meist in kleinen Verpackungen«, sagte Buddha und lehnte sich so weit in seinen Sitz zurück, dass er gerade noch über das Lenkrad sehen konnte. »Sieh mal zu, ob du damit was anfangen kannst«, sagte er und legte mir ein kleines Tütchen in die Hand, während unser Haus im Rückspiegel langsam kleiner wurde und dann verschwand.

Ich starrte auf das Dope in meiner Hand und wusste ganz genau, was er meinte.

Ich war drin.

7. KAPITEL

COMING UP IN THE GAME MAKING A NAME

Mir kam es vor, als ob das kleine Tütchen eine Ewigkeit in meiner Tasche schmorte, aber ich traute mich nicht, jemanden zu fragen, ob er es kaufen wollte.

Natürlich bewunderte ich Buddha und seine Welt, aber ich hatte nie daran gedacht, selbst zu dealen. Ich hatte andere, größere Träume: Ich wollte mit meiner Mucke ganz nach oben. An Verticken hatte ich nicht eine Sekunde gedacht.

Aber dann verlor Ma ihren Job.

Als ich eines Abends nach Hause kam, saß sie im Dunkeln in ihrem Sessel und spielte nervös mit ihren Händen. Genau das tat sie immer, wenn etwas nicht in Ordnung war.

»Alles okay, Ma?«, fragte ich.

Sie nickte.

Ich kniete mich neben sie und nahm ihre Hand. »Glaub ich dir nicht. Was ist los?«

Auch ohne dass sie mir in die Augen sah, wusste ich, dass sie geweint hatte.

»Ma?«

»Nicht jetzt, Ulysses. Ich brauch noch 'ne Sekunde.«

»Aber was ist denn? Hat dir jemand was getan?« Endlich sah sie mir in die Augen und drückte meine Hand. »Auf der Arbeit wurden Stellen gestrichen.«

»Ma ...«

»Kein Problem«, unterbrach sie mich schnell. »Ich besorg mir ’nen neuen Job. Wird schon!«

Ich spürte, dass ihre Hand zitterte und hielt sie noch fester. »Ich kann auch arbeiten gehen«, sagte ich.

»Nein!«, stieß sie hervor. Ihre Hand hörte auf zu zittern und sie sah mich ernst an. »Du gehst zur Schule! Das ist das Wichtigste für dich und deinen Bruder. Wir schaffen das schon. Jetzt gib mir noch eine Minute. Ich muss nachdenken. Essen steht auf dem Herd.«

Ich wollte irgendetwas sagen, damit sie sich besser fühlt, aber mir fiel nichts ein.

»Ich liebe dich, Ma!«

»Ich liebe dich auch, Baby.«

Ich küsste sie auf die Stirn und ging in die Küche.

Ma blieb den Rest des Abends in ihrem Sessel sitzen, auch nachdem Bing und ich schon ins Bett gegangen waren. Am nächsten Morgen saß sie immer noch da. Als sie uns bemerkte, stand sie auf und machte uns unser Lieblingsfrühstück – Bacon, Rühreier und Eierkuchen. So ein Festmahl sollte es danach eine ganze Weile nicht mehr geben.

Das Geld wurde immer knapper. Zum Frühstück gab es statt Schinken Haferflocken und abends höchstens gebratene Würstchen und dann nur noch Reis mit Butter. Außerdem wurde so oft wegen offener Rechnungen angerufen, dass Ma irgendwann gar nicht mehr ans Telefon ging.

Plötzlich hatte Buddhas unausgesprochenes Angebot eine ganz neue Bedeutung. Irgendetwas musste ich schließlich unternehmen, und sei es bloß, damit wieder vernünftiges Essen auf dem Tisch stand. Und wo sollte ich anfangen, wenn nicht in der Schule.

Die Sommerferien waren schon lange vorbei und alles hatte sich wieder eingespielt. Die Jungs, die geglaubt hatten, sie würden im Jahr davor den Abschluss machen und es nicht geschafft hatten, waren wieder da.

Diejenigen, die kapiert hatten, dass sie es nie schaffen würden, waren verschwunden. Wir saßen im Sozialkundeunterricht und hörten dem stinklangweiligen Geseier von Mrs Rayburn zu. Das Einzige, woran ich denken konnte, war die Tüte in meiner Tasche und was sie einbringen würde.

Als Erstes zeigte ich sie Herc, der neben mir saß.

»Wo hast du das denn her?«

Herc war wie ich. Wir trieben uns zwar auf der Straße rum, aber eigentlich hatten wir keinen Blassen, was wirklich abging.

»Kiffst du jetzt etwa?«, fragte er, während Mrs Rayburn sich kurz unterbrach, die Augenbrauen hob und dann weiter vor sich hin plapperte.

»Nee, kiffen nicht, aber verticken«, flüsterte ich.

Der Mexikaner vor uns wendete sich uns zu.

»Nur für Erwachsene«, sagte ich scharf und er drehte sich sofort wieder um.

»An wen denn?«, fragte Herc.

»Gibt es vielleicht etwas, das ihr beide dem Rest der Klasse mitteilen möchtet?«, fragte Mrs Rayburn streng. »Anscheinend ist ja euer Gespräch interessanter als das, was ich zu sagen habe.«

»Auf jedensten«, murmelte jemand, und die Klasse brach in Gelächter aus.

»Also, was gibt es? Und der Rest hält den Mund«, sagte sie.

Zum Glück läutete in dem Moment die Schulklingel und so blieb uns die Auseinandersetzung mit Mrs Rayburn erspart.

»Wem willst du das Zeug denn nun verkaufen?«, fragte Herc, als wir über den Gang liefen.

»Geht's vielleicht noch lauter?«, fragte ich. »Irgendjemand wird es schon haben wollen.«

»Irgendjemand wird im Knast landen, und zwar du!«, sagte er und griff meinen Arm. »Und *ich* komm dich nicht besuchen.«

»Nix Knast, Alter«, sagte ich und schüttelte seine Hand ab. Ich sah die Schüler plötzlich mit ganz anderen Augen. Vorher waren es nur Kids, jetzt waren es potenzielle Kunden, die mich reich machen konnten.

Dann kam endlich der Tag, an dem es passierte. Es war ein Dienstag. Die Schulversammlung war vorbei und alle waren auf den Gängen. Dann sah ich sie: zwei Jungs, die einfach nur dastanden und denen man sofort ansah, dass sie nicht vorhatten, an dem Tag noch zum Unterricht zu gehen. Angespannt bis in die Zehenspitzen ging ich auf sie zu und holte ganz langsam die Tüte aus meiner Tasche.

Wie es weitergehen sollte, war mir aber auch nicht klar. Einer der beiden kam mir entgegen, griff in seine Hosentasche und holte einen Fünfer raus. Während ich ihm das kleine Tütchen gab und er mir die Kohle, blickten wir uns fest in die Augen.

Jetzt war es offiziell: Ich war ein Dealer.

8. KAPITEL

EVEN IF IT'S WRONG, YOU GON' SAY IT'S RIGHT

Buddha gab mir am nächsten Tag zwei weitere Tütchen. Am darauf folgenden dann sogar drei. Zwischen Mathe, Sozialkunde und Geschichte vertickte ich Gras. Ich hatte bald mehr Fünfer und Zehner in den Taschen als eine Supermarktkasse und innerhalb von weniger als zwei Wochen hatte ich schon mindestens zwanzig Kunden. Sogar Herc konnte damit umgehen.

»Wo ist der Shit denn eigentlich her?«

»Weißt du doch selbst ...«, antwortete ich.

Herc war egal, was ich trieb. Die Hauptsache für ihn war, dass ich keinen Ärger bekam. Was ich hatte, teilte ich mit ihm und während die anderen den stinkenden Schulfraß in sich reinschaufelten, gingen wir Quarterpounder mit Käse futtern. Wir lebten auf großem Fuß, wenigstens für unsere Verhältnisse.

Mein Leben hatte sich über Nacht verändert. Ich lief anders und sprach eine andere Sprache. Ich war der tighteste Motherfucka, den es gab.

Ma ging es zum Glück wieder besser. Sie hatte einen neuen Job und zu Hause war alles in bester Ordnung. Angefangen hatte ich, weil sie ihren Job verloren hatte, aber ich machte weiter, weil es spannend war.

Sogar Bing bemerkte die Veränderung, was allerdings nicht weiter überraschte. Wir wohnten in einem Zimmer und benutzten den gleichen Schrank und den gleichen Tisch. Wenn irgendjemand auf der Welt genau wusste, was ich besaß oder nicht, dann war es Bing.

»Wo hast du die denn her«, fragte er mich, als ich meine nagelneuen blauen Filas aus dem Schuhkarton nahm.

»Warum stellst du so viele Fragen?«, konterte ich und zog die Schnürsenkel ein.

»War ja nur 'ne Frage«, antwortete Bing. Er wusste so gut wie ich, dass wir unsere letzten Schuhe zu Weihnachten bekommen hatten.

»Denk nicht drüber nach. Willste auch ein Paar?«

»Na klar!«

Von da an war mein kleines Geheimnis bei ihm sicher.

Ma hatte nicht den geringsten Schimmer. Sie hatte genug damit zu tun, dafür zu sorgen, dass die Stromrechnung bezahlt war und Essen auf dem Tisch stand. Sie ahnte nicht, dass ich besser aß als sie und Bing, aber ich traute mir nicht, es ihr zu sagen. Mir war klar, dass sie sich nicht einfach mit ein Paar Filas und einer Guess-Jeans kaufen lassen würde. Aber vielleicht könnte ich mir irgendwann meinen alten Traum erfüllen und ihr eine neue Couch besorgen.

Alles lief super. Sogar die gelegentlichen Besuche von Onkel Mike und die sehr viel häufigeren von Tante Estelle machten mir nichts aus. Bing, der die freshesten Klamotten und Sneakers trug, hatte auch kein Problem. Zu Hause konnte er sie natürlich nicht anziehen, weil Ma gewusst hätte, dass sie nicht von ihr kamen. Also wartete ich an der Ecke auf ihn, gab ihm die neuen Nikes und er zog sich um, damit er sie in der Schule tragen konnte. Wenn die Schule vorbei war, zog er sie wieder aus, ich versteckte sie in Buddhas Wagen und Bing lief in seinen abgefuckten blauen Chucks nach Hause.

Niemand war, wer er zu sein schien. Das galt nicht nur Bing und mich, sondern auch für Buddha.

Immer häufiger nahm er mich mit in sein Apartment, wo wir oft zusammen an seinem Klavier saßen. Meistens spielte er irgendein Klassik-Zeug, das ich zwar noch nie gehört hatte, das mir aber trotzdem auf merkwürdige Art vertraut war.

Er zündete sich eine Zigarre an, und während der Rauch über das spiegelglatte schwarze Klavier schwebte, sagte er, ohne auch nur für eine Sekunde aus dem Takt zu kommen: »Was auch immer du tust, tu es mit Klasse. Der Scheiß hier dauert nicht ewig. Nur eins bleibt, solange du lebst: du selbst. Ein echter Hustler hat immer noch was in der Hinterhand. Was man sieht, ist niemals alles. Der Scheiß, den ich mache, ist hässlich. Ich muss selbst dafür sorgen, dass alles ein bisschen Glanz bekommt. Man muss versuchen, dem ganzen Dreck ein bisschen Schönheit zu geben«, sagte er und ließ seine Finger flink über die Tasten gleiten. »Versuche, die Dinge mit Klasse zu tun. Ich verkaufe nicht an jedes dahergelaufene Arschloch. Niggaz, die an jeden alles verkaufen, versauen alles«, sagte er. Er hörte auf zu spielen und drehte sich zu mir. Dann sah er mir in die Augen, zeigte mit beiden Zeigefingern auf mich und sagte: »Scheißegal, was du tust, tu es mit Klasse!«

Dann drehte er sich wieder um, spielte weiter und paffte an seiner Garcia Vega.

»Und jetzt geh in die Küche, da steht was für dich.«

Ich ging in die Küche, während seine Worte mir immer noch im Kopf umherschwirrten. Auf der Marmor-Arbeitsplatte in seiner Küche stand ein Sony-Ghettoblaster mit einer roten Schleife. Daneben lag ein Mikro. Buddha entging nicht viel. Er hatte kapiert, dass Rappen mein Traum war. Das war es wohl, was er meinte, als er sagte, dass ein echter Hustler immer noch etwas in der Hinterhand hat.

Inspiriert verließ ich mit der Boombox und dem Mikro Buddhas Wohnung. Ich konnte es kaum erwarten, Herc alles zu zeigen.

9. KAPITEL

HIM AND HIS MOMMA THEY GOT A DIFFERENT RELATIONSHIP

Scheiß auf Kurtis Blow«, sagte Herc, der genau wusste, dass Kurtis einer meiner HipHop-Helden war. »Und auf LL auch. Und scheiß auf The D.O.C.«

Wir sahen uns an und wussten beide genau, was es bedeutete. The D.O.C. war der König des West-Coast-Rap und auf dem besten Wege, eine HipHop-Legende zu werden.

»D.O.C.?«, fragte ich.

»Genau der«, antwortete er. »Wenn der Nigga es geschafft hat, warum dann nicht auch wir?«

Das war der Tag, an dem Herc anfing, Reime für mich zu schreiben. Von da an verbrachten wir jede freie Minute damit, Verse zu machen – morgens, mittags, abends. Wir hatten eine Mission. Egal, vor der Schule, nach der Schule, immer saßen wir zusammen und schrieben Texte. Manchmal konnte ich ihn sogar dazu überreden, die Schule zu schwänzen, um weiterzumachen.

Texte schreiben, verticken, schlafen – mehr gab es nicht für mich. Ab und zu kam Herc sogar mit, wenn ich auf Tour ging. Meistens tat er so, als hätte er keine Lust dazu, aber er musste wenigstens auschecken, was ich so trieb. Trotzdem hätte er nie im Leben selbst verkauft. Ihm war es scheißegal, dass ich Schuhe trug, die er sich nicht leisten konnte, und ihm war es auch egal, wie viel mehr Kohle ich hatte.

IHRE HAUT UND LIPPEN WAREN ASCHFAHL UND AN DEN ZUCKENDEN, EINGEFALLENEN GESICHTERN KONNTE MAN DIE GIER NACH DEM NÄCHSTEN ZUG ERKENNEN. ICH NAHM MEIN NOTIZBUCH, SCHRIEB AUF, WAS MIR DURCH DEN KOPF GING, UND BEGANN MIR GESCHICHTEN DARÜBER AUSZUDENKEN, WIE DIE LEUTE SOLCHE OPFER GEWORDEN WAREN.

»Du solltest den Scheiß echt lassen«, sagte er. »Soviel ich weiß, hat Kurtis Blow seinen Style auch nicht hinter Gittern erfunden.«

Wenn er so was sagte, zuckte ich meistens nur mit den Schultern. Ich wusste, dass er mich eigentlich nur schützen wollte. Ab und zu dachte ich ernsthaft darüber nach, aber ich hörte trotzdem nicht auf.

Schon bald gab Buddha mir größere Mengen zum Verkaufen. Jeder wusste mittlerweile, wer ich war und was ich tat. Selbst unser Sportlehrer kaufte ab und zu bei mir. Alles lief wie geschmiert, aber es kam, wie es kommen musste: Wenn ein Nigga sieht, dass der andere nach oben kommt, gibt's Stress.

»Du denkst also, du bist der Shit«, sagte Chino.

Chino war Mexikaner und immer mit mindestens vier anderen Jungs unterwegs. Sie sahen aus wie Klone – weiße T-Shirts, kurze Khakis, die vier Nummern zu groß waren, und Armeegürtel mit goldener Schnalle. Dazu kamen Michael-Cooper-Socken und Slipper. Sie hatten alle Fu-Manchu-Schnurrbärte, extrem kurz geschorenes Haar und Locs-Sonnenbrillen.

Chino hatte schon lange vor mir Dope verkauft. Durch den Nigga-Buschfunk wusste ich, dass er alles andere als begeistert darüber war, dass einige seiner Kunden mittlerweile zu mir gewechselt waren.

»Nee. Eigentlich nicht«, erwiderte ich. »Ich kümmere mich nur um meine eigenen Angelegenheiten.«

»Du spielst auf meinem Spielplatz, Homie«, konterte Chino. »Pass genau auf, vato«, sagte er, wobei seine Nasenspitze nur wenige Zentimeter von meiner entfernt war. »Pinche, cabrón«, sagte er, und seine Jungs fingen an zu lachen.

»Wenn du was zu sagen hast, sag's in meiner Sprache«, entgegnete ich.

»No español? Es ist mir scheißegal, ob du mit Buddha unterwegs bist. Pass auf, pendejo, eine Kugel hat keinen nombre, aber ich kann ihr einen geben. Comprende, Homie?«, sagte er und legte eine Kunstpause ein, um sicherzugehen, dass ich es kapiert hatte.

Egal in welcher Sprache: Eine Drohung war eine Drohung, und ich wusste genau, was er von mir wollte.

Chino drehte sich um und gab seinen Jungs ein Zeichen, ihm zu folgen.

Ich machte mir keine Sorgen. Buddha hatte gesagt: »Wenn irgendwelche Niggaz versuchen, dich zu ficken, ficken sie mit mir. Und das rate ich keinem!«

Weil ich wusste, dass ich unter Buddhas Schutz stand, machte ich mir keinen Kopf deswegen.

Zuerst lief alles ganz normal weiter. Nach der Schule war ich viel mit Herc zusammen. Wir schrieben Texte und manchmal sogar schon Szenen für Videos. Wir waren uns sehr sicher, dass man uns schon bald auf *Yo! MTV Raps, Rap City, The Box* und überall sonst spielen würde.

Auch Ma hatte auffällig gute Laune. Ab und zu legte sie sogar wieder eine Al-Green-Scheibe auf, aber wenn sie hörte, dass wir nach Hause kamen, wechselte sie schnell zu der Gospeltante Shirley Caesar. Mich beruhigte es, dass Tante Estelle und Jesus ihr offensichtlich noch nicht sämtliche Lebensgeister ausgesaugt hatten.

Bing? Bing ging's großartig. Er stand immer vor mir auf, um auf dem Weg zur Schule so schnell wie möglich in die neuen Klamotten zu schlüpfen. Eigentlich lief alles Bombe – bis zu dem Tag, an dem ich aus der Schule verschwand, um mich mit Buddha zu treffen. An der Ecke vor seinem Haus war schon ein Riesenauflauf. Ich drängelte mich vorbei und sah gerade noch, wie Buddha ausholte.

»Noch irgendwas, Hombre?«, fragte Buddha, als er Chino mit einem Faustschlag niedergestreckt hatte. »Chinga tu madre, Motherfucka«, fügte er hinzu und trat Chino mit solcher Wucht gegen den Schädel, dass ihm sofort eine Blutfontäne aus der Nase schoss. Als Buddha mit ihm fertig war, ging er weg und ließ Chinos fast leblosen Körper auf dem Bürgersteig liegen.

Gerüchten zufolge hatte Chino Buddha zur Rede gestellt und dabei die Klappe zu weit aufgerissen – von wegen sein Spielplatz und so weiter. Offensichtlich war Buddha davon nicht besonders angetan. Die Straße funktioniert wie der Dschungel. Da heißt es töten oder getötet werden, schießen oder erschossen werden. Friss oder du wirst gefressen! Und wer eine große Klappe riskiert, sollte besser auch was dahinter haben.

Chinos Gesicht war blutverschmiert. Aus dem Augenwinkel seines heil gebliebenen Auges sah er mich an und ich wusste instinktiv, dass die Sache damit noch lange nicht gegessen war.

Die Zuschauer verschwanden, und Buddha ging zurück zum Benz, wo er seine blutbespritzten Jordans auszog, sie irgendeinem Baby-Gangsta in die Hand drückte und aus dem Kofferraum ein neues Paar holte. Es war das erste Mal, dass ich Flecken auf seinem Jogginganzug sah. Er war voller Blutspritzer und Schweißflecken. Normalerweise hätte er mich eingeladen, mit ihm abzuhängen, aber jetzt hatte er ganz offensichtlich andere Probleme.

»Sag Bescheid, wenn der kleine Wichser wieder was von dir will«, sagte er.

Ich nickte, Buddha stieg in seinen Wagen und fuhr davon. Ich machte ich mir keine Sorgen, obwohl ich mir sicher war, dass die Nummer mit Chino noch nicht vorbei war.

Buddha tat einfach für mich, was er tun musste. Er war mehr als ein Vater, er war ein Freund für mich. Ohne ihn hätte ich Bing keine neuen Klamotten kaufen oder Ma ab und zu heimlich einen Zwanni ins Portemonnaie schmuggeln können.

Ich beeilte mich, nach Hause zu kommen, und rief Herc an.

»Er kommt heute nicht mehr raus«, sagte seine Mutter. »Und ich hoffe, dass dein Zeugnis besser aussieht als seins. Kann gut sein, dass er erst mal gar keine Zeit mehr hat.«

Herc hatte wieder mal Stubenarrest. Für die Jungs aus unserem Block war ein schlechtes Zeugnis ungefähr das Gleiche wie Kryptonit für Superman. Ein beschissenes Zeugnis bedeutete, dass der Spaß mit einem Schlag zu Ende war. Unsere Moms verlangten von uns zwar keine Einsen und Zweien, aber bei Fünfen und Sechsen gab es Ärger. Anscheinend wurde ihnen dann immer bewusst, wo sie lebten und dass ihre Kids einen Scheiß dafür taten, um es später besser zu haben.

Ich habe früh genug gelernt, dass es nur Ärger bringt, wenn Ma mein Zeugnis in die Hände bekam. Also sorgte ich dafür, dass es immer auf mysteriöse Art und Weise bei der Post verloren ging. Wenn es dann doch irgendwann auftauchte, hatte Ma meist andere Sorgen als Zeugnisse und musste sich darum kümmern, dass die Rechnungen bezahlt wurden. Sonst tat ich meistens einfach so, als würde ich immer und gerne in die Schule gehen.

»Wie läuft's in der Schule?«, fragte sie eines Tages am Abendbrottisch. Es gab ihr Lieblingsgericht – Spaghetti mit Fleischbällchen.

»Ziemlich gut«, antwortete ich. Bing, der genau wusste, dass ich log, versuchte krampfhaft, sich ein blödes Kichern zu verkneifen.

»Du isst nicht genug«, sagte sie, als sie bemerkte, dass mein Teller noch fast voll war.

»Ich hab Magenschmerzen, später vielleicht«, sagte ich, weil ich ihr ja wohl kaum verklickern konnte, dass ich mich mittlerweile daran gewöhnt hatte, mit Buddha in Restaurants zu essen und meistens pappesatt war, wenn ich nach Hause kam. Aber ob hungrig oder nicht, Spaghetti mit Fleischbällchen passten fast immer noch rein.

Es wurde Abend.

Bing guckte komisch. Ich hatte das Gefühl, dass er mir irgendetwas sagen wollte.

»Yo, was'n los?«, fragte ich und leuchtete ihm mit der Leselampe ins Gesicht.

»Nix«, antwortete er.

»Du hast doch was ...«

»Nein. Geh mir nicht auf'n Sack«, sagte er, wurde aber immer nervöser.

»Spuck's schon aus«, erwiderte ich, weil ich mir jetzt sicher war, dass irgendwas nicht stimmte.

»Ich weiß nicht genau, ob es gut oder schlecht ist«, antwortete er leise.

»Bing, sag's mir einfach.« Langsam wurde ich wirklich neugierig. »Na los«, sagte ich in einem ernsteren Ton.

»Es geht um Ma. ... Sie hat diesen Typen in der Kirche kennengelernt. Er ruft ab und zu an und kommt vorbei, wenn du nicht da bist ... Keine Ahnung ...«

»Was meinst du mit ›Keine Ahnung‹?«, fragte ich.

AUF DER MARMOR-ARBEITS-PLATTE IN SEINER KÜCHE STAND EIN SONY-GHETTO-BLASTER MIT EINER ROTEN SCHLEIFE. DANEBEN LAG EIN MIKRO. BUDDHA ENTGING NICHT VIEL. ER HATTE KAPIERT, DASS RAPPEN MEIN TRAUM WAR.

»Keine Ahnung«, sagte er genervt. »Irgendwas ist komisch«, sagte Bing, drehte sich zur Wand und zog sich die Bettdecke über den Kopf. »Irgendwas stimmt nicht«, murmelte er kaum hörbar durch die Bettdecke.

Ein anderer Mann im Haus? In Moms Haus?! Scheiße, dachte ich, vielleicht habe ich ja wirklich ein bisschen zu viel Zeit woanders verbracht und kriege gar nichts mehr mit.

»Yo, Bing, mach dir keinen Kopf«, sagte ich. »Niemand kommt einfach in unser Haus und baut irgendwelche Scheiße. Versprochen!«

Mehr brauchte Bing gar nicht zu hören. Er glaubte so fest an das, was ich sagte, wie Tante Estelle an den lieben Gott.

Ich machte das Licht aus und ging aus dem Zimmer. Ich hoffte, dass Ma noch wach war. Sie war in der Küche und wusch ab.

»Ist nicht schon Bettzeit für dich?«, fragte sie und sah auf die Küchenuhr an der Wand.

»Lustig – das wollte ich dich auch gerade fragen«, antwortete ich. »Wie ich höre, hast du jemanden kennengelernt. Hast du heimlich einen neuen Freund, denkst du, dass es keiner merkt?!«, fragte ich sie herausfordernd.

»Wenn du hier Rechnungen bezahlst, Ulysses, dann kannst du von mir aus auch Fragen über mein Privatleben stellen.«

Wenn sie anfing, von Rechnungen zu sprechen, hatte ich ins Schwarze getroffen. Das wusste ich aus Erfahrung.

»Vielleicht brauche ich ja selbst gar keine Rechnungen zahlen – vielleicht reicht es ja, wenn ich deinen neuen Macker dazu bringe ...«

Sie hielt inne und sah mich an. Und wie ich ins Schwarze getroffen hatte ...

»Hier zahlt keiner außer mir, klar?! Und selbst wenn ich einen neuen Mann habe – hast du damit etwa ein Problem? Eifersüchtig?«, sagte sie.

»Nicht eifersüchtig, nein. Ich will nur sichergehen, dass es der Richtige ist ... zumindest für dich.«

»Ulysses Jackson Jeffries, ich glaube, das ist mit Abstand das Süßeste, was du jemals zu mir gesagt hast. Komm her.«

»Ma, hör auf.«

»Komm her«, sagte sie zärtlich.

»Ma, ich versuche gerade, ein ernsthaftes Gespräch mit dir zu führen ...«

»Komm schon, Schatz.«

Ich schlurfte zu ihr und bekam einen Kuss auf die Wange.

»Du weißt, wie sehr ich dich liebe«, flüsterte sie. »Du und Bing, ihr seid die einzigen beiden Männer in meinem Leben, die wirklich wichtig sind.«

Das von ihr zu hören, bedeutete mir alles.

Wir hatten eine ganz besondere Verbindung, eine unausgesprochene Verbundenheit.

Schon der Gedanke daran, dass sie außer uns einen anderen Mann haben könnte, schien irgendwie falsch. Offensichtlich hatte es in ihrem Leben schon vorher Männer gegeben, aber Bing und ich sahen sie nie. Manchmal hörten wir nachts fremde Stimmen. Ma hatte dann immer behauptet, dass es der Fernseher war, aber wir wussten es besser. Immerhin war es bei uns nie wie bei anderen Kids, die alle paar Monate mit neuen Onkels auftauchten. Moms Privatleben war immer ihr Privatleben geblieben.

Jetzt war sie jede Woche beim Friseur, kaufte sich neue Klamotten und nahm extralange Bäder. Das ganze Haus roch nach

Jean-Naté-Parfüm und sogar Al Green war wieder häufiger zu hören. Sogar ihre Spaghetti mit Fleischbällchen schmeckten irgendwie anders – nicht unbedingt besser, aber so, als sollten sie jemand anderem außer uns schmecken.

»Ma, warum schmecken die Spaghetti so komisch?«, fragte Bing.

»Hey – ich habe diese Soße schon so gemacht, bevor du überhaupt geboren wurdest! ›Komisch‹ ... ich fass es nicht. Wir sollten lieber über deine Zensuren sprechen. Nichts als verdammte Dreien und Vieren!«

Bing erwähnte den neuen Spaghettigeschmack nie wieder, aber dass Ma so ausgeflippt war, machte mich neugierig. Ich begann nachzuforschen.

Eines Abends beschloss ich, sie zu überraschen. Aber die Überraschung lag ganz auf meiner Seite.

»Ulysses, ich möchte, dass du jemanden kennenlernst«, sagte sie und wurde rot.

Da saß er, der Neue, und wischte sich Spaghettisoße vom Kinn. Er war vielleicht 1,80 Meter groß, hatte massig Gel in den langen Haaren, einen vertrockneten Pferdeschwanz und in seinem Bart ziemlich viele graue Haare. Er war dürr und hässlich und sah aus wie eine Kreuzung aus Ike Turner und Full Force.

»Sein Name ist Harvey«, sagte Ma. »Harvey, das ist mein ältester Sohn Ulysses.«

Es war ein echtes Duell und wir warteten beide angespannt darauf, wer sich zuerst bewegen würde. Dann streckte er letztlich seine Hand aus und sah durch mich hindurch, als wolle er damit zeigen, dass er hier der Boss war. Ich dachte nicht daran, seine Hand zu schütteln.

»Ulysses, Harvey will dir die Hand geben.«

Langsam nahm ich seine Hand.

»Viel von dir gehört«, sagte er selbstgefällig.

»Ich von dir gar nichts«, schoss ich zurück.

»Na ja, das sollten wir ändern. Vor allem, weil ich vorhabe, ziemlich viel Zeit mit deiner Mutter zu verbringen«, sagte er und legte seine behaarte Affenhand auf ihre Schulter, bevor er sie dann an ihrem Arm hinuntergleiten ließ und nach ihrer Hand grabschte.

»Das heißt, wenn das okay für dich ist.«

»Sie ist erwachsen«, sagte ich. »Wenn es okay für sie ist, ist es okay für mich ... aber da es hier nur zwei Zimmer gibt, werdet ihr eure gemeinsame Zeit wohl kaum hier verbringen.«

»Ulysses!«

»Ich mein ja nur ... Der Typ glotzt, als wenn er hier irgendwas zu sagen hätte.«

»Ulysses, das reicht!«

»Lass ihn, Barbara«, sagte Harvey und pulte sich die Fleischreste aus den Zähnen. »Er ist in 'nem Alter, wo man ein bisschen männlich tut. Aber eins sollte dir klar sein, mein Junge«, sagte er und legte seine Affenhand auf meine Schulter. »Wie man in den Wald hineinruft, so schallt es heraus.«

Von diesem Augenblick an waren die Fronten geklärt.

Er war der Gegner, mit dem ich um die einzige Frau kämpfen würde, die mir was bedeutete.

10. KAPITEL

SHE GOT A MAN IN THE HOUSE DOING HER OWN THING – IT'S A COLD THING

Erst kam Harvey jeden zweiten Tag vorbei. Dann auch jede zweite Nacht. Bald kam es mir so vor, als wäre er immer da. Am Anfang war es eine fremde Zahnbürste, die plötzlich im Bad auftauchte. Sie war so abgefuckt, dass mir sofort klar war, dass nur er sie mit seinen Affenzähnen so zugerichtet haben konnte.

Das ganze Bad stank nach seinem billigen Aramis-Parfüm. Das Maß war endgültig voll, als ich eines Tages in meiner Schublade eine seiner fleckigen Boxershorts fand. Offensichtlich wusch Ma mittlerweile schon seine Sachen und hatte unsere Unterwäsche verwechselt.

Eines Morgens standen dann seine Tüten im Wohnzimmer.

Der Nigga war einfach über Nacht bei uns eingezogen.

»Vielleicht wirst du es heute noch nicht verstehen«, sagte Ma, als er unter der Dusche stand. »Er ist ein wichtiger Teil meines Lebens. Was ist das Problem, wenn ich auch jemanden habe?«

»Baby, bring mir ein Handtuch«, hörte man ihn aus dem Bad rufen. »Sonst komm' ich zu spät!«

»Jemand? Gerne!«, sagte ich und schaute ihr dabei zu, wie sie die Eier in die Pfanne schlug. »Aber *der* Typ? Auf keinsten!«

»Was hast du eigentlich gegen ihn?«, fragte sie, nachdem sie ein Handtuch ins Bad gebracht hatte. »Eigentlich nichts, oder?

Ihr beide habt euch doch nur daran gewöhnt, mich für euch alleine zu haben.«

»Nein«, unterbrach ich sie. »Ich bin einfach nur dran gewöhnt, dass ich morgens ein bisschen warmes Wasser abbekomme.«

»Was ist denn mit dem warmen Wasser passiert«, rief Harvey aus dem Badezimmer.

»Du hast es alle gemacht; das ist passiert«, sagte ich.

»Ulysses, willst du lieber das warme Wasser teilen oder gar kein warmes Wasser haben?«, fragte sie. »Eure Mutter braucht ein bisschen Hilfe und Harvey gibt sie mir!«

»Das ist ja wohl kaum das Einzige, was er dir gibt, oder?«

Sie verpasste mir eine Ohrfeige wie nie zuvor.

»Frühstück fertig?«, rief Harvey. »Wenn ein Mann den ganzen Tag arbeiten soll, muss er gut essen!«

»Ich muss Harvey schnell Frühstück machen. Möchtest du auch was?«

Ma hatte uns noch nie gefragt, ob wir Frühstück wollen. Sie hatte es einfach immer gemacht.

Der Nigga wohnte erst eine Nacht bei uns und schon bekam er Vollpension. Alles schien im Arsch zu sein. Unser Leben würde nie wieder so sein wie früher; genauso wenig wie unsere Beziehung zu Ma.

Ich wusste zwar nicht genau, ob es nun an der Kirche, Tante Estelle oder Harvey lag, aber eins stand fest: Ma war wie verwandelt. Auch Bing hatte es bemerkt.

»Na kleiner Mann, soll ich dir bei den Hausaufgaben helfen?«, fragte Harvey ihn.

»Nein danke«, antwortete Bing.

»Du solltest dir echt von mir helfen lassen.«

»Alles unter Kontrolle«, erwiderte Bing mit Nachdruck.

»Offensichtlich ja nicht. Ich seh' nur Dreien und Vieren.«

»Lass ihn zufrieden«, rief ich laut zu ihnen rüber.

»Irgendjemand muss sich doch um ihn kümmern«, rief er nicht weniger laut zurück.

»Irgendjemand ... aber du bestimmt nicht!«

Unser ganzes Leben wurde in Mitleidenschaft gezogen. Aus dem Nichts fing Ma plötzlich an, ihm spezielle Mahlzeiten zu kochen und mischte bloß wegen ihm manchmal Zutaten, die überhaupt nicht zueinander passten.

»Hey Barbara, wie wär's denn heute Abend mit Käsenudeln, Reis mit Bratensoße, Stampfkartoffeln und dazu Schweinebraten?«

»Und was ist mit Gemüse?«, fragte Bing.

»Wenn Harvey kein Gemüse will, braucht er auch keins zu essen.«

»Aber wir müssen doch auch immer Gemüse essen«, nörgelte Bing.

»Statt dich in Erwachsenengespräche einzumischen, solltest du dich lieber um deine Hausaufgaben kümmern.«

»Ich hab ihm meine Hilfe schon angeboten«, petzte Harvey.

Kein Wunder, dass der Vollidiot so lange auf'm Klo rumhockte. Wer wochenlang kein Gemüse aß, musste ja irgendwann Verstopfung bekommen.

Zu allem Überfluss gingen wir sonntags immer wie eine Familie gemeinsam in die Kirche. Sie hatte ihn zwar in der Kirche kennengelernt, aber jetzt musste sie ihn dazu zwingen, mitzukommen.

»Baby, ich hab die ganze Woche geschuftet und jetzt soll ich am Sonntag in die Kirche rennen? Shit!«, sagte er. »Und wann soll sich ein Nigga wie ich erholen?«

ER HÖRTE AUF ZU SPIELEN UND DREHTE SICH ZU MIR UM. DANN SAH ER MIR IN DIE AUGEN, ZEIGTE MIT BEIDEN ZEIGEFINGERN AUF MICH UND SAGTE: „SCHEISSEGAL, WAS DU TUST, TU ES MIT KLASSE!"

»Nun, der Herr gibt dir die Kraft, die ganze Woche hart zu arbeiten. Ihm am Sonntag dafür zu danken, ist ja wohl das Mindeste«, antwortete Tante Estelle aus dem Wohnzimmer.

»Kann ich das nicht vom Bett aus tun – Herr im Himmel.«

»Du sollst nicht den Namen des Herrn, deines Gottes, ohne Grund benutzen!«, erwiderte Tante Estelle. Sie war wirklich wütend. »Sag so was noch einmal und du wirst dieses geweihte Ölfläschchen gegen den Schädel bekommen.«

»Schwing endlich deinen Arsch aus dem Bett«, sagte ich und ging ins Schlafzimmer.

»Ulysses, keine Respektlosigkeiten!«

»Mein Gott, jetzt fangen die Kinder auch noch an zu fluchen«, sagte Tante Estelle.

»Ha! War das nicht auch der Name des Herrn?«, rief Harvey.

»Er respektiert sich doch selbst nicht«, sagte ich zu Ma. »Und dich auch nicht!«

»Und Gott auch nicht!«

»Lass ihn, Barbara, lass ihn.«

Und so lief es jeden Sonntagmorgen. Nach dem Gottesdienst nahm ich mir meistens eine Auszeit und traf mich mit Herc. Er hatte mit seiner Mutter den gleichen Scheiß durchgemacht, nur noch schlimmer! Allein in den letzten fünf Jahren hatte er es auf fünf verschiedene »Onkel« gebracht.

»Hauptsache, du lässt es nicht an dich ran, Digga. Mütter tun, was sie wollen, und vögeln, wen sie wollen.«

»Ma vögelt doch nicht mit Harvey«, sagte ich.

»Was denkst du denn? Dass sie rumknutschen? Vorher vielleicht ...«

»Fick dich doch, Herc!«

»Er fickt deine Mutter. Komm klar mit dem Scheiß!«

Ich hätte ihm am liebsten eine reingehaun, aber ich konnte nicht. Er hatte recht, egal, ob ich es zugeben würde oder nicht.

»Na gut. Aber warum ausgerechnet er?«

»Warum nicht? Wenigstens musst du nur mit einem fertig werden. Stell dir mal vor, deine Mutter hätte fünf Typen wie ihn gehabt.«

Wir lachten und tranken. Aus Spaß und um zu vergessen, rauchten wir ein bisschen von meinem Dope.

»Yo, was machst du diesen Freitag?«, fragte Herc. »Wir sollten einen draufmachen. Chaunceys Cousin Peron schmeißt 'ne Party, auf der G-Bang spielt.«

Chauncey war einer unserer Homies aus der Schule. Sein Cousin Peron war ein Band-Promoter und ab und zu kamen wir wegen Chauncey umsonst in einen Club. Wenn man die richtigen Connections hatte, war es egal, dass man zu jung war.

»Scheiße, Mann, wir haben ja nix Bess'res vor«, sagte ich. Außerdem flippte Ma nicht mehr ständig aus, seit sie sich nur noch um die fleischfressende Flachzange kümmerte. Meistens war es schon dunkel, wenn ich nach Hause kam.

Am Freitag zogen Herc und ich unsere besten Klamotten an. Das meiste gehörte mir und den Rest borgten wir uns von Buddha. Vor dem Odyssey warteten scharenweise Bitches und schon von draußen waren fette Bässe zu hören.

»Yo, was geht?«, rief Chauncey, der an der Tür auf uns wartete und uns reinwinkte.

Wenn alle Erwachsenen so feierten wie hier, wollte ich so schnell wie möglich dazugehören. Der Club war Bombe! Ein geiler Arsch neben dem nächsten und Drinks für 'nen Dollar.

»Was wollt ihr?«, brüllte der Barkeeper.

»Was gibt's denn?«, fragte ich zurück.

Wir einigten uns auf Hennessy und Coke. High waren wir vorher schon, aber der Alk katapultierte uns aufs nächste Level.

»Genau so muss es sein!«, sagte Herc, der nicht merkte, dass er viel zu laut war. »Da oben sollten *wir* stehen«, rief er und zeigte auf G-Bang und seine Crew, die mittlerweile den Laden voll im Griff hatten.

Na klar, dachte ich. G-Bang war die heißeste Nummer, die es in LBC gerade gab. Jeder wollte mit ihm auf einer Bühne stehen. Mir schien diese Vorstellung unmöglich, oder zumindest undenkbar. Aber Hercs Träume waren schon immer XXL.

»Warum nicht, Alter?!«, sagte er. »Irgendjemand hat ihn doch auch nach oben gebracht. Warum sollten wir nicht die Nächsten sein, Bro?!«

»Ganz bestimmt ...«

»Nein, Mann, du musst dran glauben. Ich weiß es. Wir sind die Nächsten!

»Okay.«

»Sag es, Mann!«

»Ist ja gut ... wir sind die Nächsten!«

»Du sollst es nicht vor dich hinmurmeln, du sollst dran glauben!!«

Ich gab mein Bestes ...

Als ich zur Bar ging, um einen neuen Drink zu bestellen, stand vor mir plötzlich eine der heißesten Bräute, die ich je in meinem Leben gesehen hatte. Offensichtlich war sie nicht aus unserer Gegend. Die Bitches aus Long Beach kannten wir alle, aber sie war neu. Sie musste aus L.A. kommen.

»Hast du vor, in die Gänge zu kommen, oder willst du sie weiter wie ein Geisteskranker anglotzen?«, sagte Herc wieder viel zu laut. »Schiss?«, fragte er und schnüffelte an mir. »Hab ich's mir doch gedacht. Gestrichen voll!«

»Keiner hat hier Schiss!«

»Nigga, du hast Angst!«

»Fick dich, Alter.«

»Nein, fick *sie*!«

Ich drehte mich kurz um und checkte meinen Atem. Dann ging ich auf sie zu und überlegte, welchen Spruch ich bringen sollte.

»Entschuldige«, sagte ich.

»Was'n mit dir?«

Die Stimme gehörte einem Typen, der eine Sekunde vor mir dagewesen war. Er versperrte mir den Weg und verschwand mit meiner Lady auf der Tanzfläche.

»Wer lange denkt, denkt falsch«, bemerkte Herc.

Ich sah den beiden hinterher, wie sie auf der Tanzfläche zu G-Bang und seiner Crew abgingen. Ich wusste, dass ich sie wiedersehen musste, und irgendwie hatte ich das sichere Gefühl, dass es tatsächlich passieren würde.

11. KAPITEL

IT'S CRAZY HOW LOVE CHANGES. IT'S AMAZING.

Ulysses, wenn du und Bing nicht sofort eure Hintern aus dem Bett schwingt, dann ... Wegen euch komme ich noch zu spät in die Kirche«, rief Ma aus der Küche. Bing und ich blieben meistens absichtlich so lange im Bett, bis Ma in einem Satz fluchte *und* das Wort »Kirche« benutzte.

»Gott mag keine stinkfaulen Niggaz«, murmelte Harvey, während er vermutlich auf dem letzten Stück Wurst kaute.

»Du musst es ja wissen«, rief ich.

»Pass auf, was du sagst«, sagte Ma.

»Lass ihn, Barbara«, sagte Harvey. »Das liegt am Alter. Aber wenn er so weitermacht, werd ich ihm wohl mal bei seinen Wachstumsproblemen helfen müssen.«

»Einen Scheiß wirst du«, rief ich laut genug, dass alle es hörten. »Und ich hoffe für dich, dass das nicht das letzte Stück Wurst ist!«

»Ulysses«, brüllte Ma. »Ich warne dich!«

»Hör auf, Barbara«, sagte Tante Estelle. »Du weißt es doch besser: Erziehung, Barbara, Erziehung!!«

So lief es jetzt immer. Ich musste einschreiten, damit Bing nicht erleben musste, wie ein fremder Mann die Kontrolle zu Hause übernahm. Schlimm genug, dass sich überhaupt ein fremder Mann bei uns rumtrieb, aber er brauchte nicht zu glauben, dass er auch noch den Boss spielen konnte.

UNSERE MOMS VERLANGTEN VON UNS ZWAR KEINE EINSEN UND ZWEIEN, ABER BEI FÜNFEN UND SECHSEN GAB ES ÄRGER. ANSCHEINEND WURDE IHNEN DANN IMMER BEWUSST, WO SIE LEBTEN UND DASS IHRE KIDS EINEN SCHEISS DAFÜR TATEN, UM ES SPÄTER BESSER ZU HABEN.

Da saßen wir dann also zu fünft in dem zweitürigen Chevy Nova, fuhren zur Kirche und machten uns gegenseitig die Hölle heiß. Ma und Harvey saßen vorne und Bing und ich hinten. Zwischen uns thronte Tante Estelle, die nach Mottenkugeln und Pfefferminze roch.

»Willst du einen Pfefferminzbonbon, Baby?«, fragte sie und bot mir einen Bonbon an, der verdammt nach einer Mottenkugel aussah.

»Nicht wenn er so riecht wie du«, erwiderte ich.

»Ulysses!«

»Das macht nichts, Barbara. Die Mottenkugeln sind gegen die bösen Geister. Aber woher soll das jemand wissen, der sich in Satans Jauchegrube suhlt ...«

»Hast du zufällig Kaugummis dabei?«, fragte Harvey.

»Was du brauchst, ist eine Scheiß-Kaugummifabrik.«

»Ulysses ... ich warne dich.«

»Erziehung, Barbara!«

Endlich waren wir bei der Kirche angekommen. Es war ungewöhnlich voll und über allem lag der Geruch von billigem Parfüm. Als wir uns hinsetzten, war der Priester gerade mit seiner Predigt fertig geworden.

»Wegen dir habe ich's verpasst«, zischte Ma mir ins Ohr.

Die Kollekte hatten wir leider nicht verpasst. In Kirchen von Schwarzen wird die Kollekte nie am Anfang eingesammelt, weil man sichergehen will, dass alle da sind. Hier war es auch so. Nachdem alle zum Altar vorgegangen waren, kam die freiwillige Kollekte, dann wurde gesungen. Darauf folgte die Sammlung für die Bedürftigen und dann wurde wieder gesungen. Gebäudesanierungs-Kollekte, dann ein Lied. Die Priester wussten schon immer, dass die Schwarzen ihnen auch den letzten Dollar gaben, wenn man sie singen und tanzen ließ. Ma nahm das mühsam ersparte Geld aus ihrer Handtasche und sorgte dafür, dass Bing und ich immer etwas in das Körbchen werfen konnten, auch wenn es nur ein bisschen Kleingeld war.

Selbst Harvey bekam Geld von ihr, wenn er pleite war. Ab und zu erwischte ich ihn dabei, wie er versuchte, die Scheine selbst einzustecken, aber als er meinen Blick bemerkte, warf er sie brav in den Korb.

In der Hood hatte jeder seine Aufgabe. Die Priester waren offenbar dafür zuständig, dass die Leute high auf Jesus blieben, und zwar so high, dass es ihnen egal war, dass die Pfaffen besser lebten als sie.

»Was ihr dem Herrn gebt, wird er euch lohnen«, behauptete der Pfarrer immer.

Aber soweit ich die Sache überblickte, kam gar nichts zurück. Die Moneten wanderten auf das Bankkonto des Herrn und blieben verschwunden.

Zu Tode gelangweilt rutschte ich immer tiefer die Kirchenbank hinunter, während weiter Geld eingesammelt wurde. Bing ging es auch nicht anders – er spielte »Drei gewinnt« auf der Rückseite eines Handzettels mit Spendenaufrufen.

»Der Herr liebt jene, die gerne geben, amen«, sagte der Pastor mit einem Seitenblick auf die prallgefüllten Körbe. »Jetzt lasst uns herzlich unsere neuen Gemeindemitglieder begrüßen«, sagte er. »Bruder Henry Parker und seine bezaubernde Frau Melissa, bitte stehen Sie auf. Oh, und natürlich ihre bezaubernde Tochter Aisha. Und nun umarmt eure Nachbarn und sagt: ›Lobet den Herrn‹«, tönte er und wischte sich mit einem Taschentuch den Schweiß aus dem Gesicht.

»Oh, shit«, platzte es aus mir heraus.

»Ulysses!! Hast du gerade geflucht? In der Kirche??«, fragte meine Mutter mit hochgezogenen Augenbrauen.

»Den Arsch sollte man ihm versohlen«, antwortete Harvey.

»Nicht nur ihm! Euch beiden!«

Aisha! Da stand sie, das Mädchen aus dem Club. In meiner Kirche! Das war ganz eindeutig ein Zeichen Gottes.

»Was ich einem sage, das sage ich allen«, fuhr der Pastor mit seiner üblichen Segnung fort. »Und nun begrüßt unsere neuen Gemeindemitglieder mit einer Umarmung, einem Kuss oder einem Handschlag. Ich werde den Anfang machen. Kommt danach ruhig beim Basar vorbei und gönnt euch ein Stück Napfkuchen und Brathühnchen. Brot kostet extra. Amen«, sagte er und die Gemeinde antwortete mit ihrem eigenen Amen.

Bing war eingeschlafen und ich stieß ihn in die Seite, damit wir uns ganz vorne anstellen konnten, um die neuen Mitglieder zu begrüßen. Als Bing wieder klarkam, waren aber schon mindestens hundert Leute vor uns.

»Ich kann nicht den ganzen Tag warten«, sagte meine Mutter. »Wenn sie Gemeindemitglieder sind, werden sie nächsten Sonntag auch noch da sein.«

Am nächsten Sonntag saßen Bing und ich bereits morgens um acht vor der Haustür. Ma war komplett geschockt.

Es gibt nichts, was aufregender ist, als sich Hoffnungen bei einem Mädchen zu machen.

Die Kirche war voll, aber Aisha war weit und breit nicht zu sehen.

Am Sonntag drauf ebenfalls nicht.

Dann endlich, zwei Sonntage später, war sie wieder da.

Nach der Predigt kamen noch vier oder fünf Spendenaufrufe, und dann war es endlich vorbei.

WENN ALLE ERWACHSENEN SO FEIERTEN WIE HIER, WOLLTE ICH SO SCHNELL WIE MÖGLICH DAZUGEHÖREN. DER CLUB WAR BOMBE! EIN GEILER ARSCH NEBEN DEM NÄCHSTEN UND DRINKS FÜR ´NEN DOLLAR.

»Beeilt euch«, sagte Ma.

»Aber was ist mit dem Kuchen?«, fragte Bing.

»Gibt's auch zu Hause«, antwortete Ma. »Und er ist umsonst.«

»Und er schmeckt besser«, fügte Harvey hinzu.

»Danke, Schatz.«

»Gern geschehen.«

Es war zum Kotzen.

»Weißt du was, Ma«, sagte ich, ohne Aisha aus den Augen zu lassen. »Ich bleib noch ein bisschen und ... ähm ... laufe heute mal nach Hause.«

»Du bleibst hier?«, fragte sie misstrauisch. »In der Kirche?«

»Ja. Ich dachte, du würdest dich darüber freuen.«

»Was ist denn mit dir?«, fragte Harvey.

»Mach dir mal um mich keine Sorgen«, erwiderte ich.

»Der hat irgendwas vor, Barbara. Na ja, wir werden's noch früh genug rausfinden. ›Was im Dunkeln geschieht ...‹«

»› ... wird der Herr ans Licht bringen‹«, ergänzte Tante Estelle.

»Auf geht's, sonst verpasse ich das Spiel«, drängelte Harvey.

»Alles klar«, sagte Bing. »Pass bloß auf, dass du dir nicht noch den Heiligen Geist einfängst ...«

»Bis dann«, antwortete ich nur und schob ihn zu Ma und Harvey.

Um Aisha nicht zu verpassen, ging ich schnell zum Ausgang und setzte mich in die letzte Bankreihe. An dem blauen Rock und der weißen Bluse erkannte ich, dass sie jetzt zu den Ministrantinnen gehörte. Als sie sich bückte, um die Handzettel aufzuheben, die die Besucher der stickigen Kirche als Fächer benutzt hatten, straffte sich der Rock über ihrem Hintern. Ich betete zu Gott, dass es Tausende Handzettel regnen würde, damit ich ihr noch so lange wie möglich zusehen konnte.

Sie ähnelte dem Model auf der *Just-For-Me*-Packung. Ihre Haare glänzten schwarz und ihr Dekolleté erinnerte mich daran, dass Jesus das Rote Meer geteilt hatte. Amen!

Sie war das schönste Mädchen der Welt – jedenfalls in meinen Augen.

Ich hob einige Werbezettel für Bestattungsunternehmen vom Boden auf und tat so, als würde ich sie mir durchlesen, weil ich hoffte, dass sie dann zu mir kommen würde.

»Macht es dir was aus, wenn ich die mitnehme?«, fragte sie und zeigte auf die Zettel.

»Auf deine Verantwortung!«

»Was?«

»Wenn ich die Flyer nicht mehr als Fächer benutzen kann, geh ich bei deinem Anblick bestimmt in Flammen auf.«

»Wow«, antwortete sie. »Das ist die billigste Anmache, die ich jemals gehört habe. Kann ich jetzt die Zettel haben?«

»Wenn du mir deine Nummer gibst.«

»Leute, die ich nicht kenne, kriegen meine Nummer nicht.«

»Dann müssen wir uns wohl kennenlernen.«

»Behalt sie einfach«, sagte sie. Dann drehte sie sich um und ging, ohne sich noch einmal umzusehen, einfach davon. Sie wusste ganz genau, dass ich ihr dabei auf den Hintern starrte.

Am nächsten Sonntag war ich wieder da, aber diesmal hatte ich mich in Schale geworden. Buddha hatte Wind von der ganzen Sache bekommen und mir einen Anzug besorgt.

Außerdem hatte ich Herc als Verstärkung mitgebracht.

»Aber warum muss *ich* mit in die Kirche?«, fragte Herc.

»Weil ich auch muss«, sagte ich. »Komm schon.«

Ich brauchte dringend jemanden, der mir den Rücken freihielt, und Herc war dafür genau der Richtige.

Als der Gottesdienst zu Ende war und der Pastor schon Schokokuchen und Fisch-Sandwiches anpries, lehnte ich mich zu Ma hinüber.

»Herc und ich bleiben noch ein bisschen. Wir denken darüber nach, unser Leben Gott zu widmen.«

»Der Ärmste ...«, bemerkte Harvey zynisch. Am liebsten hätte ich ihm seine riesigen Vorderzähne ausgeschlagen.

»Preiset den Herrn!«, rief Tante Estelle. »Siehst du, Barbara – Gebete können sehr viel bewirken. Er hat den Verführungen des Satans entsagt.«

Ich ignorierte auch Tante Estelle. Schließlich ging es hier um etwas sehr viel Wichtigeres. Aisha, um genau zu sein.

Moms Blick verriet mir, dass sie mir kein Wort glaubte. Ganz zu schweigen von Harvey.

»Deine Mutter kannst du vielleicht verarschen, aber mich nicht.«

»Muss ich etwa schon wieder alleine mit ihnen nach Hause fahren?«, fragte Bing. »Kann ich nicht auch bleiben und ... mein Leben dem Herrn widmen?«

»Nächsten Sonntag vielleicht«, antwortete ich. »Tschüss.«

Herc und ich setzten uns in die letzte Reihe und warteten auf Aisha. Ich vermutete, dass sie wieder die heruntergefallenen Zettel einsammeln würde, aber nach einer halben Stunde war sie immer noch nicht aufgetaucht, obwohl sogar schon der Kuchen und die Sandwiches alle waren.

»Wie lange müssen wir denn hier noch rumsitzen?«, nörgelte Herc. »Ich hab noch allen möglichen Scheiß ... äh ... Zeugs zu erledigen«, erklärte er mit einem Blick auf die Jesusbilder in den bunten Glasfenstern.

Wir wollten gerade gehen, als ich hinter uns Aishas Stimme hörte.

»Heute mit Freund?«, fragte sie.

»Du hast letzte Woche was vergessen«, fügte sie hinzu, und gab mir einen der Zettel vom Kirchenboden.

»Wenn man von einer Frau Werbung für Bestattungsunternehmen bekommt – heißt das, man soll 'nen Abflug machen?«, fragte Herc und grinste in sich hinein.

Als ich den Zettel umdrehte, stand dort zu meiner Überraschung ihr Name und ihre Telefonnummer.

»Hast gewonnen«, sagte Herc und klopfte mir auf die Schulter. »Hat sie vielleicht 'ne Schwester?«

12. KAPITEL

HE LIVIN' WILD – HE NEEDS A WOMAN'S TOUCH

Aisha und ich telefonierten ständig – jedenfalls versuchten wir's. »Ich telefoniere gerade«, sagte Ma, als ich den Hörer des zweiten Apparates abnahm. »Mit *meinem* Telefon!«

Damals hatte noch nicht jeder ein Handy, und an Telefonate von einem Handy zum anderen war erst gar nicht zu denken. Die einzigen Mobiltelefone, die es gab, waren so riesig, dass man das Gefühl hatte, als würde man sich einen Mini-Kühlschrank ans Ohr halten.

Vor allem ließen sich diese Scheißdinger nicht einfach so verstecken. Wenn Ma ein Handy bei mir gefunden hätte, wäre sofort die Hölle losgewesen, weil sie ganz genau wusste, dass ich es mir nicht leisten konnte.

»Ich telefoniere«, sagte Harvey, als ich das nächste Mal den Hörer abnahm. »Hat dir deine Mutter nicht beigebracht, dass man sich rauszuhalten hat, wenn Erwachsene sich unterhalten?!«

Entweder telefonierte Ma mit den Schuldeneintreibern oder Harvey tratschte mit seinen Freunden. Ich kam fast nie dazu, mit Aisha zu sprechen. Wir hatten zwar eine Anklopf-Funktion, aber für Ma und Harvey bedeutete sie eigentlich nichts weiter, als dass der Anrufer gefälligst zu warten hatte, bis er an der Reihe war.

Aber wenn wir dann telefonierten, redeten wir stundenlang.

IN DER HOOD HATTE JEDER SEINE AUFGABE. DIE PRIESTER WAREN OFFENBAR DAFÜR ZUSTÄNDIG, DASS DIE LEUTE HIGH AUF JESUS BLIEBEN, UND ZWAR SO HIGH, DASS ES IHNEN EGAL WAR, DASS DIE PFAFFEN BESSER LEBTEN ALS SIE.

Ich war frisch verliebt. Wenn man wirklich verknallt ist, ist es egal, was man schon erlebt hat. Man wird ganz automatisch zu einem Weichei.

Ich tat also alles, was man so tut, wenn man sich verliebt hat oder es sich wenigstens einbildet: Ich dachte ununterbrochen an sie, rief sie mitten in der Nacht an und weigerte mich, am Ende unserer Gespräche aufzulegen, selbst wenn unsere Bettzeit schon lange überschritten war.

»Leg du zuerst auf«, sagte sie.

»Nein, du.«

»Okay. Bei ›Drei‹ legen wir auf. Eins ... zwei ... drei.«

Natürlich legte keiner von uns beiden auf.

Wir waren verliebt bis über beide Ohren.

»Hast du's schon geschafft?«, fragte Herc.

»Was denkst du denn?!«

»Also immer noch nicht ...«, sagte er und sah mir in die Augen.

»Doch!«

»Und, wie war's?«

»Heiß!«

»Bullshit! Nix ist passiert!«

»Fick dich!«

»Nein, fick *sie*!«, lachte er. »Ich bin dein Kumpel. Warum lügst du mich an, Digga?«

»Warum nicht? Du lügst doch auch immer, wenn's darum geht«, antwortete ich und lachte ebenfalls.

»Fick dich, Nigga!«

»Fick dich doch selbst.«

Na gut, natürlich war noch nichts gelaufen, aber diesmal wollte ich irgendwie nicht mit Herc drüber reden. Bei manchen

Frauen ist es scheißegal. Da erzählt man seinen Homies alles – wie, wann, wo und wie oft man es mit ihnen getrieben hatte. Aber Aisha war etwas Besonderes.

»Yo, echt 'ne heiße Braut«, sagte Buddha. Ich hatte sie nach Hause begleitet und Buddha holte mich mit seinem Wagen vor ihrer Tür ab.

»Wenn's feucht wird, brauchst du ein Mäntelchen. Du hast doch welche, oder?!«

»Klar.«

»Wo?«

Ich schwieg.

Buddha sah mich an und griff in seine Hosentasche. »Hier«, sagte er und gab mir ein Kondom. »Benutze es! Das Letzte, was du in der Hood gebrauchen kannst, ist ein plärrender Kackzwerg, der dich versklavt. ... Und wenn es so weit ist, dann macht's euch gemütlich.« Dann reichte er mir ein paar Hunderter. »Kommt bloß nicht auf die Idee, es beim ersten Mal auf irgend'ner Rückbank oder unter der Tribüne zu treiben!« Manchmal kam es mir vor, als könnte Buddha meine Gedanken lesen. Ich hatte ihm nie von Mishi erzählt. »Mach's mit Stil! Lad sie zum Essen ein, kauf ihr Blumen, was weiß ich – lass dir was Nettes einfallen. Ihr werdet euch beide für immer daran erinnern. Und egal wie viel Scheiße du baust – und du wirst Scheiße bauen –, sie wird dir vergeben, weil du ihr erstes Mal zu einem besonderen Erlebnis gemacht hast.«

Ich wusste, dass er recht hatte.

13. KAPITEL

SOME MORE DRAMA. GETTIN' WOMEN, HAVIN' MONEY

Während ich unser erstes Mal plante, hatte der Krieg zwischen Chino und Buddha schon begonnen. Auf den Straßen war die Hölle los. Es war mehr als nur ein kleiner Revierstreit. Es ging um Blutrache.

Nachdem Chino von Buddha in aller Öffentlichkeit auf die Schnauze bekommen hatte, ging es um seinen Ruf. Und wer auf der Straße seinen Ruf verliert, hat gar nichts mehr. Chinos Amigos und Buddhas Homies waren überall.

»Du solltest erst mal für eine Weile den Ball flachhalten«, sagte Buddha. »Wenigstens so lange, bis sich die Dinge wieder einigermaßen beruhigt haben.«

Da ich ihn noch nie so erlebt hatte, war ich mir nicht sicher, ob Buddha sich um mich oder sich selbst Sorgen machte. Aber Sorgen machte er sich auf jeden Fall.

Am nächsten Morgen tat ich so, als würde ich zur Schule gehen, aber ich wartete bei Buddha, bis Ma und der Halbaffe die Wohnung verlassen hatten. Dann ging ich wieder nach Hause. Weil Buddha gesagt hatte, ich solle mich zurückhalten, begann ich, von zu Hause aus zu verkaufen. Ich saß am Fenster und hielt Ausschau nach Kunden. Wenn jemand auftauchte, ging ich nach unten.

Es dauerte nicht lange, bis es sich herumgesprochen hatte, und schon bald verkaufte ich mehr als vorher in der Schule. Aber dabei blieb es nicht.

»Zeit fürs nächste Level«, sagte Buddha eines Tages und holte eine Ampulle mit kleinen, gelblich-weißen Klumpen aus seiner Tasche.

»Das Zeug ist gefährlich – verkauf es, aber nimm's nicht!!«

Das musste Buddha mir nicht extra sagen. Ich hatte selbst gesehen, was es mit den Leuten machte. Gras zu verkaufen, war eine Sache, aber Crack ...

»Stimmt was nicht?«, fragte Buddha.

»Nee, es ist nur ... na ja ... das Zeug ist der Tod.«

»Willst du die Welt retten oder Kohle verdienen? Mit deinen Reimen verdienst du nichts. Es ist ganz einfach: Angebot und Nachfrage – wenn wir's nicht verkaufen, vertickt's jemand anderes. Mit Gras wirst du jedenfalls den Plastikbezug nicht von der Couch deiner Ma kriegen. Manchmal tun wir, was wir tun wollen«, sagte er und stellte die Ampulle in den Becherhalter, »und manchmal tun wir, was wir tun müssen.«

Ich nahm die Ampulle in die Hand.

Plötzlich war ich Crack-Dealer.

[illegible]ITEL

EVERYTH[illegible] EVERYTHING

Neue Kunden zu find[illegible] Problem. Die Geschäfte abzuwickeln, war sch[illegible]er. Die Hälfte der Leute in meinem Block war arb[illegible] bedeutete, dass ich unter Beobachtung stand. Da [illegible] Beispiel Crazy Betty.

»Was treibst du da u[illegible]? Ferien?«

»Nein, Ma'am«, antwort[illegible]

Crazy Betty hatte einen Job, aber sie arbeitete zu Hause. Sie erhielt Geld vom Staat, weil sie auf schwer erziehbare Kinder aufpasste. Bei ihr ging's zu wie im Taubenschlag. Ständig tauchten neue Kinder auf. Jeder kannte den kleinen gelben Bus, der die Kids brachte und wieder abholte. Die beiden Mädchen, die im Moment bei ihr wohnten, hießen Lorna und Leah.

»Du weißt schon, dass du eigentlich in der Schule sein müsstest, oder?!«, rief sie vom Balkon, der ein Stockwerk über unserer Wohnung war.

»Ja, Ma'am. Ich lerne im Moment von zu Hause.«

»Ganz bestimmt ...«, erwiderte sie. »Aber dir ist schon klar, dass deine Mutter dich zur Schule prügeln wird, wenn sie es herausfindet, oder?«

»*Wenn* sie es herausfindet ... korrekt, Miss Betty?«, antwortete ich.

»Ich sehe zwar, dass deine Lippen sich bewegen«, sagte sie, »aber ich verstehe dich nicht. Ich höre und sehe sehr viel ... wenn ich will.«

Ihr Gesichtsausdruck verriet mir, was sie damit sagen wollte.

Wir nannten sie Crazy Betty, weil sie den durchgeknallten Kids half, aber sie selbst war eigentlich überhaupt nicht verrückt. Im Gegenteil.

Betty und ich machten einen Deal: Sie versorgte mich mit Sandwiches und ich sie mit Ampullen. Sie behielt mein Geheimnis für sich, und ich ihres. Manchmal stand sie sogar Schmiere für mich.

»Hey, Harvey! Wie geht's Ihnen?«, hörte ich sie einmal laut vom Balkon rufen.

»Danke, gut. Und Ihnen?«

Wenn Betty laut wurde, wusste ich, dass unerwünschter Besuch aufgetaucht war.

»Auch gut. Sie sehen hervorragend aus«, sagte sie zu ihm.

»Danke.«

»Und wie geht es Barbara?«

»Gut«, antwortete er, »aber ich muss mich beeilen. Schönen Tag noch.«

»Ja, seltsam, oder?! Manchmal muss man sich beeilen, obwohl man gar nix zu tun hat ...«

Sie laberte die Leute immer lange genug zu, dass ich mein Zeug zusammenpacken und verschwinden konnte.

Ein anderes Mal war es Onkel Mike.

»Hey, Mike. Wie geht's? Schickes Outfit.«

Onkel Mike sah furchtbar aus. Er trug ein dunkelblaues Satin-Hemd mit passenden Shorts, lange schwarze Socken, Ledersandalen und eine Gürteltasche.

»Finden Sie?«, fragte er zurück.

»Nicht wirklich.«

Als er es endlich ins Haus schaffte, war ich schon über alle Berge.

»Hey, Miss Estelle! Wie läuft's in der Kirche?«

»Oh, sehr gut! Der Herr gibt mir Kraft und weist mir den rechten Weg. Sie sollten dringend einmal vorbeikommen.«

»Ach ja? Wenn einmal ›keinmal‹ bedeutet, gerne!«

Crazy Bettys Witze waren zwar nicht besonders gut, aber sie verschaffte mir immer genügend Zeit, um mich aus dem Staub zu machen. Wir waren ein perfektes Team – ich hatte den endlosen Crack-Vorrat und sie die Fried-Fish-Sandwiches. Wenn sie nicht gewesen wäre, hätte man mich sofort erwischt.

Für die Hausaufgaben war Herc zuständig, auch wenn er sich manchmal etwas zierte.

»Ich werd den Scheiß aber nicht ewig für dich machen«, nörgelte er.

Da ich auch in der Schule immer von ihm abschrieb, war es kein großer Unterschied, ob er nun auch noch meine Hausaufgaben erledigte. Tagsüber sorgte er dafür, dass in der Schule alles okay war, und abends machten wir gemeinsam Musik. Zu dem Ghettoblaster und dem Mikro von Buddha kaufte ich Herc irgendwann einen Casio-Drumcomputer.

»Das Ding ist der Hammer, Digga«, sagte Herc. »Aber du weißt genau, dass ich das Teil nicht mit nach Hause nehmen kann. Mom macht schon genug Ärger wegen der Scheiß-Schule. Und wenn ich plötzlich mit etwas nach Hause komme, das sie nicht gekauft hat, siehst du mich wahrscheinlich nie wieder. Und weißt du auch, warum?! Weil sie dann höchstpersönlich meinen Arsch vor den Jugendrichter zerren wird!«

Mir kam es so vor, als lebte ich mehrere Leben auf einmal. Tagsüber war ich Dealer ...

»Hast du was da?«

... abends ein aufstrebender Rapper ...

»Du solltest mehr Reime schreiben.«

... dann Bruder ...

»Ich dachte, du wolltest mir ein neues Paar Schuhe besorgen.«

... Sohn ...

»Ulysses, ich warne dich!«

»Lass ihn in Ruhe, Barbara.«

»Erziehung, Erziehung!«

... und Freund ...

»Warum hast du mich gestern nicht angerufen?«

Bei mir lief alles auf Autopilot und ich verwandelte mich immer genau in den Typen, der gerade gebraucht wurde. Mein Leben war eigentlich aufregend genug, aber schon bald sollte es noch abgefahrener werden.

15. KAPITEL

THE WAY SHE RAISED HIM – NO ONE COULD FAZE HIM

Es war sieben Uhr morgens. Ich wachte auf, weil jemand wie ein Bekloppter gegen die Tür hämmerte. *Scheiße, die Bullen!* Panisch sprang ich aus dem Bett und suchte das Dope zusammen.

»Was ist los?«, fragte Bing, während ich die Schubladen aufriss, unter die Matratze langte und die anderen Verstecke durchwühlte.

»Verdammt, Barbara«, hörte ich Harvey schreien. »Kommt die Kirchen-Tussi jetzt sogar am Montag, oder was?!«

Ich rannte an ihrer Schlafzimmertür vorbei ins Bad.

Das Klopfen wurde immer lauter.

»Sie heißt Estelle«, antwortete Ma. »Machst du jetzt endlich die Tür auf?«

Ich kniete schwitzend und mit zitternden Händen auf dem Badezimmerfußboden.

»Ich will nicht in den Knast, ich will nicht in den Knast«, flüsterte ich.

»Das ist nicht mal meine Wohnung. Warum sollte *ich* die Tür aufmachen?«

Ich warf eine Handvoll Ampullen in die Toilette und spülte, aber sie kamen immer wieder nach oben.

Scheiße.

Ich war am Arsch.

DANN DREHTE SIE SICH UM UND GING, OHNE SICH NOCH EINMAL UMZUSEHEN, EINFACH DAVON. SIE WUSSTE GANZ GENAU, DASS ICH IHR DABEI AUF DEN HINTERN STARRTE.

»Vergiss es. Ich gehe schon selbst«, sagte Ma.

Das Klopfen ging weiter.

Ich hörte das Quietschen des Bettes und die Geräusche ihrer Schritte.

Die Schlafzimmertür wurde geöffnet.

Dann die Badezimmertür.

Scheiß auf den Knast. Ma würde mich killen.

Ich drehte mich um.

Hinter mir stand plötzlich Bing und gab mir eine kleine, wiederverschließbare Tüte, die er mit Wasser gefüllt hatte.

»Pack es da rein. Dann klappt's.«

Und tatsächlich, es funktionierte.

Als Ma in ihrem pinken, mit Blümchen bestickten Morgenmantel und den gelben Lockenwicklern auf dem Kopf am Bad vorbeilief, sah sie fix und fertig aus.

»Ulysses, ich warne dich!«, sagte sie und warf mir einen stechenden Blick zu. »Was zur Hölle treibt ihr da?«

Bevor ich antworten konnte, sagte Bing:

»Saubermachen.«

»Aha ...«, erwiderte sie skeptisch.

Das Klopfen hatte immer noch nicht aufgehört.

»Ich hoffe für dich, dass es nichts mit dir zu tun hat«, sagte sie und ging zur Wohnungstür.

Als wir ihr auf den Flur folgten, warf Bing mir einen Blick zu, der mir sagte, dass wir hierüber nie wieder ein Wort zu verlieren brauchten.

Mama sah durch den Spion, dann auf mich. Sie seufzte, nahm die beiden Sicherheitsketten ab, schob den Stahlriegel zurück und öffnete langsam die Tür.

»Hey, Schwesterherz!«

So eine Scheiße. Ich hatte das ganze Dope für nichts und wieder nichts im Klo runtergespült. Bing und ich sahen uns an.

Es war Onkel Mike, der mit zwei Koffern vor der Tür stand. Man sah seinem Gesicht sofort an, dass irgendwas geschehen war, was über seine normalen Katastrophen hinausging. Offensichtlich war etwas passiert, das mehr als ein Schulterklopfen und einen Zwanni erforderte.

Shit. Buddha wird mich killen!

»Hey, Winki« , sagte Ma. »Was ist los? Ziemlich früh für deine Verhältnisse ...«

»Für meine auch«, rief Harvey aus dem Schlafzimmer.

Ich hatte gerade mindestens fünfhundert Dollar im Klo runtergespült. Irgendwie würde ich den Verlust ausgleichen müssen. Was auch immer Onkel Mike für ein Problem hatte: Wenn es nicht wirklich ernst war, würde er etwas erleben können.

Onkel Mikes Besuche folgten einem ganz bestimmten Muster. Als er das letzte Mal bei uns aufgeschlagen war, hatte Ma kurz zuvor eine Fünfhundert-Dollar-Prämie von ihrem Job bei der Bank erhalten. Eigentlich wollte sie von dem Geld neue Vorhänge kaufen.

Dann tauchte Mike auf, der einen neuen Auspuff brauchte, und das Geld war futsch. Einige Monate später kam eine unerwartete Steuerrückzahlung. Mit den vierhundert Dollar hätte man mehrere Monatsmieten bezahlen können. Aber was passiert?! Mike steht urplötzlich vor unserer Tür und behauptet, dass seine schwangere Freundin die Abtreibung nicht bezahlen kann. So viel zu den vierhundert Dollar ...

Es konnte gar nicht anders sein: Ma musste irgendeine Rückzahlung bekommen haben, von der ich noch nichts wusste. Aber jetzt war sie schon so gut wie ausgegeben.

»Was geht, Neffe?«, fragte er mich.

»Will ich lieber gar nicht wissen«, antwortete ich. Am liebsten hätte ich ihm ein Messer in den Hals gerammt.

Ma kniff ihre Augen zusammen und schickte uns in unser Zimmer, aber wir hörten trotzdem jedes Wort.

»Hast du Ärger?«, fragte sie.

»Tut mir leid. Du weißt, dass ich nicht ohne Grund hier auftauchen würde.«

»Ich hoffe für dich, dass es wichtig ist – es ist sieben Uhr morgens!«

»Ich hab meinen Job verloren.«

Bing und ich sahen uns an und schüttelten wortlos die Köpfe.

»Mein Vermieter sagte, er würde mich rauswerfen, wenn ich nicht die drei offenen Monatsmieten bezahlen würde. Also ging ich.«

Wir wussten beide, was jetzt kommen würde.

»Ich will dir keine Umstände machen, Sis.«

»Du machst keine Umstände.«

Ich konnte kaum glauben, was sie da sagte.

»Natürlich kannst du bei uns bleiben. Wir sind eine Familie«, sagte Ma. »Und es passt auch ganz gut – ich hab gerade eine Gehaltserhöhung bekommen.«

Wusst ich's doch!

»Das ist die erste gute Neuigkeit seit Wochen«, sagte er. »Aber wo soll ich denn übernachten? Ist ja schon alles besetzt, oder?!«

Als ob ihm das was ausmachen würde. Jeder wusste, dass er nur rumschleimte, um davon abzulenken, was für Riesenumstände er machte. Langsam kam es mir so vor, als wäre un-

BEI MIR LIEF ALLES AUF AUTOPILOT UND ICH VERWANDELTE MICH IMMER GENAU IN DEN TYPEN, DER GERADE GEBRAUCHT WURDE. MEIN LEBEN WAR EIGENTLICH AUFREGEND GENUG, ABER SCHON BALD SOLLTE ES NOCH ABGEFAHRENER WERDEN.

sere Wohnung ein Obdachlosenheim für erwachsene Loser. Erst Harvey und jetzt Mike ...

»Du kannst bei Bing und Ulysses schlafen«, sagte Ma.

»Auf keinsten!«, rief ich durch den offenen Türspalt.

»Das hab ich gehört«, rief Mike zurück.

»Na hoffentlich!«, antwortete ich, öffnete die Tür und ging auf den Flur.

»Yo, Mike – es ist eh schon zu voll bei uns. Du weißt genau, dass es hier nur zwei Schlafzimmer gibt. Und in einem treibt sich schon so ein Schmarotzer rum.«

»Halt die Klappe, Ulysses«, sagte Ma, »Und du hast recht: Wir haben zwei Schlafzimmer, für die *du* übrigens nicht einen Cent bezahlst. Ein bisschen mehr Respekt für deinen Onkel!«

»Erst muss *er* uns seinen Respekt zeigen, Ma. Wir haben so schon zu wenig Platz. Es war bereits eng, bevor du Harvey hier angeschleppt hast.«

»Halt mich da raus, Nigga«, rief Harvey aus dem Schlafzimmer. »Außerdem könntet ihr alle ein bisschen leiser sprechen. Ich versuche zu schlafen!«

Na toll – der Zirkus war ins Ghetto gekommen: Ma war die Zirkusdirektorin, einen Affen hatten wir schon, und jetzt gab es auch noch einen Clown.

»Sis, ich will dir nicht zur Last fallen ...«

»Zu spät!«, unterbrach ich ihn.

»Hast du ein Problem mit mir, Neffe?« Er sprach Bing und mich immer mit »Neffe« an, aber nicht, weil er uns so mochte. Ich glaube – ganz ohne Scheiß –, dass er sich unsere Namen nicht merken konnte.

Um keinen Fehler zu machen, hielt er die Anrede immer so allgemein wie möglich. »Wenn du ein Problem hast, dann sag's mir ins Gesicht und rede nicht immer um den heißen Brei herum.«

»Mach ich doch gar nicht«, antwortete ich. »Ich versuch nur, den Brei unter Kontrolle zu halten, damit wir nicht alle daran ersticken!«

»Ulysses – du hast gehört, was ich gesagt habe. Und jetzt sagst du deinem Onkel, dass es dir leid tut.«

»Tut es aber nicht.«

»Aber dir wird's leid tun, wenn du dich nicht sofort entschuldigst!«, erwiderte sie in einem Ton, an dem ich erkannte, dass sie keinen Spaß mehr verstand.

»Pass auf, Sis, ich will weder dich, deine Jungs noch Harvey nerven, aber ich bin grad echt am Arsch. Fuck! Wenn ich ein paar Tage ein Dach überm Kopf hätte, bis ich wieder auf die Beine komme, wäre mir schon geholfen.«

Als ob er jemals auf eigenen Füßen gestanden hätte ...

Ma sah Mike schweigend an und dann umarmte sie ihn.

»Du weißt, dass ich dich liebe, Bruder. Ich werde immer alles für dich tun, was ich kann. Ulysses, nimm seine Koffer.«

»Das kann nicht dein Ernst sein!«

»Oh doch.«

»Aber Ma, wir haben nur zwei Betten!«

»Onkel Mike wird in Bings Bett schlafen, und du und dein Bruder in dem anderen.«

»Zu zweit? In dem Mini-Bett?« Ich konnte es nicht fassen.

»Bing ist ja schließlich ein *kleiner* Bruder. Und jetzt krieg dich wieder ein!«

»Nie im Leben. Ich schlafe auf der Couch!«

»Vergiss es! Ich habe nur diese eine gute Couch, und *du* wirst sie nicht versauen.«

»Von mir aus. Dann schlafe ich auf dem Fußboden!«

»Passt zu dir«, sagte Mike.

»›Passt zu dir‹?! Was für ein Wichs...«

»Ulysses!!!«, unterbrach Ma mich. »Winkie, hast du Hunger?«

»Ja, was essen, das wär's«, antwortete er.

»Ich übrigens auch«, rief Harvey. »Ein bisschen Schlaf wäre auch ganz schön gewesen, aber da ihr mich nicht pennen lasst, könnt ihr mich wenigstens füttern.«

Ma sah furchtbar müde aus. Trotzdem ging sie sofort in die Küche und bereitete das Frühstück vor.

Einige Minuten später durften Bing und ich vom Flur aus dabei zusehen, wie Onkel Mike und Harvey jeweils eine ganze Packung Würstchen, vier Eierkuchen und drei Eier in sich hineinschaufelten. Dann wurde mit einer Schale Maisgrütze und einem Liter Orangensaft nachgespült – das große Wettfressen zwischen Affe und Clown.

»Wir sehen uns, wenn ich nach Hause komme, Winkie«, sagte Ma. »Falls irgendwas sein sollte: Hier ist die Nummer von meiner Arbeit.«

»Okay, Schwager. Fühl dich wie zu Hause. Und falls du was brauchst, ruf sie an«, sagte Harvey, klopfte ihm auf die Schulter und ging.

Was war das denn für ein Scheiß? Dieser Typ sagte tatsächlich einem anderen Nigga, er solle sich wie zu Hause fühlen. Dabei war es nicht mal sein eigenes Zuhause!

Bing und ich gingen in unser Zimmer, um unsere Schulsachen zusammenzupacken. Auf dem Weg nach draußen kamen wir am Wohnzimmer vorbei. Mike räkelte sich auf Moms Couch und hatte nicht einmal seine Scheiß-Schuhe ausgezogen.

»Wenn ihr Hilfe bei euren Hausaufgaben braucht, lasst es mich wissen«, sagte er.

»Hast du überhaupt einen Schulabschluss?«, fragte ich.

»Nö, aber was soll die Frage? Ihr doch auch nicht, oder?!«

Bing sah mich an und schüttelte den Kopf.

»Und, was hast du so vor heute, *lieber* Onkel Mike«, fragte ich ihn. Er musste so schnell wie möglich verschwinden. Ich musste hier schließlich meine Geschäfte abwickeln.

»Einen Scheiß werde ich tun. Ich hab Urlaub, *lieber* Neffe.«

»Urlaub im Sinne von: ›Ich suche mir ’nen neuen Job?‹«, fragte ich, obwohl ich genau wusste, was er antworten würde.

»Sehr witzig«, antwortete er. »Weißt du was?! Das Essen hat mich ganz müde gemacht. Ich werd erst mal ins Bett gehen und mich ’ne Stunde aufs Ohr hauen«, sagte er und ging in unser Zimmer. Dann hörte man nur noch, wie er seine Schuhe auf den Boden warf und sich auf das Bett fallen ließ. Bing sah mich wieder an und schüttelte schweigend den Kopf. Wir begriffen, dass unser Zuhause niemals mehr so sein würde wie früher.

16. KAPITEL

YOU PUT YOUR BROTHER IN DANGER, YOU PUT ME IN DANGER

Auf dem Weg zur Schule legten wir wie immer einen Zwischenstopp ein, um uns umzuziehen. In meinem Rucksack waren ein neues Paar Sneakers und ein neues T-Shirt für Bing.

»Schon gehört, dass Donnerstag die neuen Jordans rauskommen?«, fragte er.

Er wusste genau, dass ich sie ihm besorgen würde. Besonders nach dem, was er am Morgen für mich getan hatte.

»Wie lange wird er wohl bleiben?«, fragte Bing.

»Keinen Blassen«, erwiderte ich.

»Hoffentlich nicht lange. Ich glaube nicht, dass wir beide in ein Bett passen.«

»Wird uns wohl nichts anderes übrig bleiben.«

»Na ja, bis später«, verabschiedete sich Bing und machte sich auf den Weg in die Schule.

Bing machte sich keine großen Sorgen. Er hatte nicht so viel Verantwortung wie ich, und Veränderungen waren normal für ihn. Harvey zum Beispiel: Abgesehen von den offensichtlichen Dingen – dass er uns das Essen wegfraß und das ganze warme Wasser verbrauchte – verstand Bing nicht, warum er für mich so ein großes Problem darstellte. Im Gegensatz zu ihm konnte ich mich aber daran erinnern, wie es war, als Dad noch bei uns gelebt hatte und wie verliebt Ma und er gewesen waren. Sie duschten zusammen, hörten Platten und tanzten im Wohnzimmer. Einmal ertappte ich sie sogar beim Sex auf der guten Couch. Wahrscheinlich gab es deswegen diesen Schonbezug. Ma glaubte, dass ich mich an all das nicht erinnern konnte, aber sie irrte sich. Als Dad abhaute, war ich immerhin schon sechs, Bing hingegen gerade mal eins.

Ich sah Bing hinterher. Meine Probleme hatten gerade erst angefangen. Abgesehen davon, dass ich von nun an mit Harvey *und* Mike klarkommen musste, war mein Büro besetzt. Außerdem musste ich Buddha noch beichten, was passiert war.

Ich stand vor meinem Häuserblock und versuchte, einen Plan zu entwerfen.

»Nicht so leicht, Süßigkeiten zu verkaufen, wenn der Laden geschlossen hat, oder?!«, sagte Crazy Betty, die auf ihrem Balkon stand. »Es sei denn, man findet einen anderen Süßigkeitenladen, der die Ware vertreibt ...«

Ich wusste genau, was sie meinte.

Ich hatte einen neuen Partner gefunden.

Aber zuerst musste ich mit dem Chef abrechnen.

17. KAPITEL

HE SAID HE'S MAKIN' PAPER

Hältst du mich für bescheuert, Nigga?«, wütete Buddha und schob mir eine Knarre in den Mund. Ich spürte, wie der kalte Stahl an meinen Zähnen kratzte. »Glaubst du etwa, du bist der erste Motherfucka, der versucht, mir mit so 'nem Scheiß zu kommen?! Wo ist meine Scheiß-Kohle??«

Diesen Buddha hatte ich noch nie erlebt, zumindest nicht, wenn es um mich ging. Es war der gleiche Buddha, der Chino auf dem Gesicht rumgetrampelt war.

»Ich dachte, es sind die Bullen ... ich dachte, es sind die Bullen«, versuchte ich zu sagen.

»Was erzählst du da, du kleiner Wichser?«

Kein Wunder, dass er mich nicht verstand. Mit einem Pistolenlauf im Mund spricht man nicht besonders deutlich.

Buddha zog die Knarre raus.

»Was?!«

Ich fühlte, wie mir eine Träne aus dem Augenwinkel lief.

»Ich würde so was nie tun, Buddha. Du hast mir meinen Ghettoblaster gegeben ... und das Mikro. Ich würde so was mit niemandem machen, aber bestimmt nicht mit dir.«

Buddha ging schweigend aus dem Zimmer und kam mit einer Tüte voller Ampullen wieder.

»Sieh zu, dass es wieder reinkommt«, sagte er und ließ die Tüte auf den Tisch fallen. Dann ging er zu seinem Klavier und spielte den düstersten Scheiß, den ich jemals gehört hatte.

„WILLST DU DIE WELT RETTEN ODER KOHLE VERDIENEN? MIT DEINEN REIMEN VERDIENST DU NICHTS.
ES IST GANZ EINFACH: ANGEBOT UND NACHFRAGE – WENN WIR´S NICHT VERKAUFEN, VERTICKT´S JEMAND ANDERES. MIT GRAS WIRST DU JEDENFALLS DEN PLASTIKBEZUG NICHT VON DER COUCH DEINER MA KRIEGEN."

Das Gespräch war beendet.

Ich ging durch den Hintereingang meines Hauses und dann die Treppen hinauf zu Crazy Betty. Ich hatte vor, das Dope für die nächsten paar Tage aus ihrer Wohnung zu verkaufen. Aber aus den Tagen wurden mehrere Wochen, weil unsere Wohnung immer noch von Onkel Mike besetzt wurde, der niemals das Haus verließ. Er versuchte nicht mal, einen neuen Job zu finden.

Aber egal wie kompliziert die Dinge waren – ich tat mein Bestes. Ich musste mich auf das Wesentliche konzentrieren und das Wesentliche bestand darin, in kürzester Zeit möglichst viel Kohle zu machen, damit Buddha wusste, dass er sich auf mich verlassen konnte. Meine Probleme waren *meine Probleme*, und ich hatte nicht vor, sie jemand anderem überzuhelfen – vor allem nicht Buddha.

Er hatte mich nicht nur ins Spiel gebracht, sondern trotz der Probleme zu mir gehalten. Ich musste verhindern, dass er wegen mir noch mehr Stress bekam, als er ohnehin schon an der Backe hatte.

»Hier sind Dreihundert«, sagte ich, und gab Buddha ein Bündel Geldscheine, das mit einem Gummiband zusammengehalten wurde. »Den Rest gibt's nächste Woche.«

Die Dinge veränderten sich aber nicht nur für mich, sondern irgendwas war auch mit Buddha geschehen. Schon seit einigen Wochen schien er nicht mehr der Alte zu sein. Wenn ich ihn in seiner Wohnung besuchte, redete er fast gar nicht, sondern klimperte fast die ganze Zeit nur auf seinem Klavier. Er trank mehr als sonst und kümmerte sich plötzlich um viele Angelegenheiten persönlich. Außerdem gab es auch ein paar neue Laufburschen, die aber eher den Eindruck von Bodyguards machten. Er war nie allein. Wo auch immer Buddha auftauchte, waren sie auch. Wenn er mit dem Auto unterwegs war, fuhren immer drei oder vier Wagen hinter ihm her. Es sah aus, als wären sie der Secret Service und er der Präsident. Früher hatte es ihm nichts ausgemacht, wenn ich bei geschäftlichen Verhandlungen dabei war. Jetzt verstummte er immer, wenn ich kam, und führte seine Gespräche erst weiter, wenn ich gegangen war. Buddha plante irgendetwas, und er wollte nicht, dass ich wusste, worum es ging.

Wahrscheinlich hatte es etwas mit Chino zu tun. Auf der Straße ging das Gerücht um, dass er seine Lektion trotz der letzten Begegnung mit Buddha nicht gelernt hatte.

Chino hatte nicht nur in der Schule alle meine Kunden übernommen, sondern auf der Straße sogar einige von Buddhas. Mich überraschte, dass Buddha ihn noch nicht aus dem Verkehr gezogen hatte, aber offensichtlich wusste er etwas, wovon ich keine Ahnung hatte. Ich vertraute darauf, dass er mir Bescheid geben würde, wenn es so weit war.

Mit Aisha hatte ich schon seit einigen Wochen nicht mehr gesprochen, obwohl ich es immer wieder versucht hatte.

Aisha gehörte zu den wenigen Kids in der Hood, die Mutter und Vater hatten. Außerdem achteten beide genau darauf, was sie so trieb und mit wem sie befreundet war. Kurz: Bei ihr lief einiges anders als bei mir.

»Meine Mom sagt, dass ich nicht die ganze Nacht am Telefon hängen kann«, sagte sie flüsternd. »Und mein Vater sieht mich schon immer so komisch an, wenn das Telefon klingelt. Ich glaube, wir sollten eine Pause einlegen.«

Das war das Letzte, was ich hören wollte. Die Sache mit Aisha war so ziemlich das Einzige in meinem Leben, das gerade halbwegs gut lief. Ich hatte nicht vor, mir von irgendjemandem dazwischenpfuschen zu lassen.

»Eine Pause wovon?«, fragte ich.

»Du weißt schon«, antwortete sie.

»Nein, weiß ich nicht!«

»Aisha!«, rief eine männliche Stimme aus dem Hintergrund. Ich vermutete, dass es die Stimme ihres Vaters war.

»Ich muss jetzt auflegen ...«

So lief es dann auch an den folgenden Tagen. Manchmal legte sie sogar auf, bevor ich auch nur ein Wort gesagt hatte. Ich fragte mich immer, woher sie wusste, dass ich es war. Schließlich gab es damals die automatische Anruferkennung noch nicht – zumindest nicht in Kalifornien. Ich versuchte, sie zu verschiedensten Zeiten zu erreichen, aber es blieb alles beim Alten.

Als ich es nicht mehr aushielt, gab ich mein Schul-Comeback und fing sie nach dem Unterricht ab.

»Ulysses, was soll der Scheiß?! Du hast mich zu Tode erschreckt«, sagte sie, nachdem ich aus einer Nische auf dem Gang hervorgesprungen war.

»Wie soll ich dich denn sonst mal wieder zu Gesicht bekommen?«, antwortete ich. Aisha lief einfach weiter.

»Gar nicht!«

Da sie immer noch nicht stehen blieb, stellte ich mich ihr in den Weg.

»Yo, was'n los? Hast du jemand anderen?«

»Nein.«

»Was ist es dann?«

Sie wusste, dass ich nicht einfach so aufgeben würde.

»Sie kennen dich nicht«, sagte sie zögernd.

ICH MUSSTE MICH AUF DAS WESENTLICHE KONZENTRIEREN UND DAS WESENTLICHE WAR, IN KÜRZESTER ZEIT MÖGLICHST VIEL KOHLE ZU MACHEN, DAMIT BUDDHA WUSSTE, DASS ER SICH AUF MICH VERLASSEN KONNTE.

»Na und? Sie können mich doch kennenlernen, oder?!«, erwiderte ich. Sie versuchte, meinem Blick auszuweichen.

»So einfach ist das nicht.«

»Warum nicht?«

Sie schwieg. Sie schien mir ohne Worte erklären zu wollen, dass sie Angst davor hatte, mich ihren Eltern vorzustellen. Und so sehr sie mich auch mochte: Sie kannte ihre Eltern besser als ich und hatte offensichtlich das Gefühl, dass es Probleme geben würde.

»Du hast wohl Angst, mich deiner Mutter vorzustellen, stimmt's?«

»Nein, das hat nichts mit Angst zu tun«, antwortete sie. »Zumindest nicht bei Mom, aber mein Dad ... Scheiße, na gut ... ich geb's zu. Ich habe Angst.«

»Aber wovor denn?«

»Das weißt du doch ganz genau. Du siehst anders aus als alle anderen Jungs, die ich bisher mit nach Hause gebracht habe.«

»Weil ich auch nicht so *bin* wie sie. Aber ich bin trotzdem stubenrein!«, sagte ich. Endlich sah sie mir in die Augen.

Die Schulklingel kündigte den Beginn der nächsten Stunde an. Einige Sekunden lang sahen wir uns schweigend und regungslos in die Augen.

»Na gut«, sagte Aisha schließlich. »Morgen Abend. So gegen sechs. Dann kommt mein Dad nach Hause und du kannst ihn und Mom kennenlernen.«

»Cool.«

»Ulysses«, sagte sie und schob mich gegen die Schließfächer auf dem Gang. »Sieh zu, dass du nicht nach dem Zeug riechst, nach dem du in letzter Zeit so oft gerochen hast!«

»Was meinst du?«

»Ach komm, das weißt du genau. Und zieh dir vernünftige Klamotten an. Keine Jogginganzüge, keine Sneakers. Wenn du meine Eltern kennenlernen willst, wirst du sie auf meine Art kennenlernen – nicht auf deine!« Dann ließ sie mich los und drehte sich um. »Und wenn ich jetzt Ärger kriege, weil ich zu spät komme, dann bist du dran«, fügte sie hinzu.

Scheiße! Ich hatte mich endgültig reingeritten. Ich musste automatisch an die Worte meiner Ma denken: Man sollte sich immer ganz genau überlegen, wofür man betet, weil Gebete manchmal auch erhört werden ...

Amen!

18. KAPITEL

RUNG THE DOORBELL, WENT TO HELL

»Worüber machst du dir denn Sorgen?!«, sagte Herc. »Benimm dich einfach wie immer und dann wird's schon laufen.« Dann sah er mich einige Sekunden auf eine merkwürdige Art an. »Obwohl – wenn man genauer drüber nachdenkt ... Digga, du hast ein echtes Problem!«

Herc hatte zweifellos Humor, aber mir war in dem Moment echt nicht nach Lachen zumute. Ich stand unmittelbar vor der wohl schwierigsten Aufgabe meines bisherigen Lebens. Wahrscheinlich war ich deshalb so nervös, weil es mir wirklich wichtig war. Der erste Eindruck würde alles entscheiden, und ich zweifelte nicht daran, dass ich mich zum kompletten Vollidioten machen würde.

In der folgenden Nacht konnte ich kaum schlafen. Es lag aber nicht daran, dass Mike schnarchte und Bing mir mit seinen Stinkefüßen im Gesicht rumwedelte. Ich hatte wirklich Schiss davor, Aishas Eltern kennenzulernen.

Mitten in der Nacht hörte ich dann ein Geräusch. Ich stand auf, um nachzusehen. Es war Ma, die sich in der Küche einen Tee machte. Sie hatte wenig Zeit für sich, und wenn sie nicht schlafen konnte, saß sie nachts manchmal am Küchentisch und dachte nach.

»Hey Ma«, sagte ich.

»Was machst du denn hier? Es ist fast zwei Uhr morgens.«

»Konnte nicht schlafen.«

ICH HATTE MICH ENDGÜLTIG REINGERITTEN. ICH MUSSTE AUTOMATISCH AN DIE WORTE MEINER MA DENKEN:
MAN SOLLTE SICH IMMER GANZ GENAU ÜBERLEGEN, WOFÜR MAN BETET, WEIL GEBETE MANCHMAL AUCH ERHÖRT WERDEN.

»Schnarcht Winkie wieder?«, fragte sie.

»Ja, aber das ist es nicht.«

»Bings Füße?«

»Nee, das ist es auch nicht.«

»Sondern?«

»Wie war es, als Dad das erste Mal Grandma und Grandpa getroffen hat?«

»Wie kommst du denn darauf?«, fragte sie.

»Nur so ... reine Neugier«, sagte ich und setzte mich zu ihr.

»Sie haben ihn gehasst! Und nicht ohne Grund, wie sich später herausstellte. Das Seltsame an Eltern ist, dass sie nicht den Anfang, sondern das Ende sehen.«

»Und, hast du auf sie gehört?«

»Dann würden wir jetzt nicht hier sitzen, oder?!«

»Stimmt.«

»Warum fragst du?« Sie sah mich an und nippte an ihrem Tee.

»Nur so ...«

»Ach, komm schon.« Ma wusste sofort, was los war. »Hast du eine Freundin?«

»Ja.«

»Und jetzt sollst du ihre Eltern treffen.«

»Ja.«

»Und du hast Angst.«

Ich nickte.

Ma schien mich fast besser zu kennen als ich mich selbst.

»Ulysses, du brauchst dir wirklich keine Sorgen zu machen. Sei einfach du selbst«, sagte sie und nahm meine Hand. »Andererseits ... Scheiße, du hast echt ein Problem«, fügte sie auflachend hinzu. »Vergib mir, Herr.«

»Siehst du, Ma«, antwortete ich und zog meine Hand zurück. »Ich bin echt am A... ich habe echt ein Problem, meine ich.«

Ich liebte sie dafür, dass wir so reden konnten. Trotz Halbaffe Harvey, Loser-Mike und Tante Estelles Bibel-Gehirnwäsche gab es Momente, in denen immer noch alles so war wie früher. Sie war immer noch mein bester Freund. Wenn wir so zusammen lachten und redeten, merkte ich, wie sehr ich sie eigentlich vermisste.

»Pass auf, Ulysses. Wenn irgendwelche Eltern glauben, dass du nicht gut genug für ihre Tochter bist, dann ist ihre Tochter auch nicht gut genug für dich«, sagte sie ernst. »Und es ist mir vollkommen egal, wie groß ihr Hintern ist!«

»Ma!«, erwiderte ich peinlich berührt. »Woher weißt du denn, worauf ich stehe?«

»Weil ich genau weiß, worauf dein Dad stand.« Dann lächelte sie. »Jetzt gib mir einen Kuss und dann ab ins Bett. Bings Zehen sind bestimmt schon ganz kalt, weil er sie nicht an deiner Stirn wärmen kann.«

Nach diesem Gespräch ging es mir gleich etwas besser. Wie die meisten alleinstehenden Mütter hatte sie Bing und mich sehr früh bekommen. Manchmal fühlte es sich fast so an, als wären wir zusammen aufgewachsen. Da ihre eigene Jugend noch nicht ewig her war, konnte sie mit unseren Erfahrungen noch etwas anfangen.

Der nächste Tag war so kurz wie kein anderer. Am Morgen verließen Bing und ich wie immer gemeinsam das Haus. Nachdem wir unsere Klamotten gewechselt hatten, ging ich zu Betty. Selbst sie bemerkte, dass etwas im Busch war.

»Du benimmst dich wie meine Töchter«, sagte sie. »Und ich weiß, was los ist, wenn meine Töchter sich so aufführen.«

Aber ich nahm kaum wahr, was sie sagte, weil alle meine Gedanken die ganze Zeit um meine Verabredung kreisten.

Am späten Nachmittag stand ich vor meinem Kleiderschrank und grübelte darüber nach, was ich anziehen sollte. Bing saß auf seinem Bett und beobachtete mich.

»Was machst du denn da?«

»Kann dir doch egal sein, oder?«

»Na ja«, erwiderte Bing. »Du starrst jetzt schon seit fast einer Stunde in deinen Schrank.«

Bing machte sich keine Sorgen, sondern schien sich eher zu amüsieren. Mir zuzusehen war offensichtlich unterhaltsamer als jede Fernsehsendung.

»Ist es ein Problem, wenn man mal in Ruhe seine Klamotten auscheckt?«

»Nein, aber was suchst du eigentlich?«, fragte er und stellte sich neben mich.

»Ich bin zum Abendessen verabredet.«

»Mit wem? Aisha?«

»Woher weißt du das?«

»So laut schnarcht Onkel Mike ja nun auch nicht ...«

»Egal. Ich suche nach dem richtigen Outfit. Ich habe ein Date mit ihrer Mom und ihrem Dad.«

»Du bist mit ihren Eltern verabredet?!«

»Nein, du Vollpfosten – es ist ein Abendessen mit Aisha *und* ihren Eltern!«

»Cool«, antwortete er. »Wie wär's denn hiermit?«

Er griff in den Schrank und holte eine lange blaue Anzughose heraus.

»Und damit?« Bing reichte mir ein kurzärmliges weißes Hemd und eine cremefarbene Weste, die ich zu Weihnachten

ICH LIEBTE SIE DAFÜR, DASS WIR SO REDEN KONNTEN. TROTZ HALBAFFE HARVEY, LOSER-MIKE UND TANTE ESTELLES BIBEL-GEHIRN-WÄSCHE GAB ES MOMENTE, IN DENEN IMMER NOCH ALLES SO WAR WIE FRÜHER. SIE WAR IMMER NOCH MEIN BESTER FREUND.

bekommen hatte. Ma hatte sich immer noch nicht abgewöhnt, mir Sachen zu kaufen, von denen sie genau wusste, dass ich sie nicht anziehen würde.

»Eins fehlt noch!« Bing kramte im untersten Fach, bis er fand, wonach er gesucht hatte – der dunkelrote Schlips.

»Ich werd aussehen wie ’ne amerikanische Flagge«, protestierte ich. Aber er hatte recht – Vorbeugen ist besser, als auf die Schuhe kotzen ... Wie ein Streber vom Dorf auszusehen, war kein großes Opfer. Zumindest nicht, wenn es um Aisha ging.

Ich zog die Sachen an und ging den Flur auf und ab, wo Ma mich mit einem bittersüßen Lächeln beobachtete. Sie machte ein Gesicht, als wenn ich in den Krieg ziehen und sie mich nie wieder sehen würde.

»Ich bin so stolz auf dich«, sagte sie. »Jetzt wirst du ein richtiger Mann!«

»Ma, es ist nur ein Abendessen!«

»Das hat dein Vater damals auch gedacht ...«

Eine halbe Stunde später klingelte ich bei Aisha.

Obwohl sie nur drei Blocks entfernt wohnte, kam es mir vor wie eine andere Welt. Es war zwar immer noch die Hood, aber irgendwie schien es eine glücklichere Hood zu sein. In dieser Gegend hatten die Obdachlosen wenigstens Decken. Auch die Gegensprechanlage funktionierte, und im Hauseingang musste man nicht über irgendwelche Schnapsleichen klettern. Jetzt gab es kein Zurück mehr.

Ihre Wohnungsnummer war 406. Ich klopfte.

»Ich geh schon, Mom!«, hörte ich Aisha rufen.

»Nein, *ich* gehe.«

Fuck! Ich war mir sicher, dass ihre Mutter mir jetzt einen Vortrag halten würde – von wegen: »Aisha ist nicht da« oder »Sie mag keine Jungs wie dich« oder »Wie kommt es eigentlich, dass du dich nicht mehr in der Kirche engagierst?« In wenigen Sekunden spielte ich in meinem Kopf alle Horrorszenarios durch, die es gab. Ich war schon drauf und dran, wieder zu gehen, als ich hörte, wie drei oder vier Schlösser geöffnet wurden. Dann wurde mit einem Ruck die Tür aufgemacht und da stand sie: Aishas Mutter. Sie sah fast noch besser aus als Aisha – eine wunderschöne, braunhäutige Frau mit schulterlangem Haar, das genauso echt aussah wie ihre Brüste. In der Hood gab es keine unechten Titten. Zumindest damals nicht ...

Als ich sie ansah, ahnte ich, wie Aisha in zwanzig Jahren aussehen würde. Wenn meine Vermutungen zutrafen, hatte ich echt Schwein gehabt. Sie war scharf. Kein Wunder, dass Aishas Dad bei ihr geblieben war ...

»Kann ich dir helfen?«, fragte sie lächelnd.

»Yo, ich meine, ja, Ma'am. Ich bin Ulysses.«

»Ulysses«, sagte sie und sah mich neugierig an.

»Ich bin Aishas ... ein Freund von Aisha«, antwortete ich und fühlte mich, als wäre ich eins von Crazy Bettys Kids.

»Ach soooo ... Ulysses! Ihr habt euch in der Kirche kennengelernt, stimmt's? Komm rein. Herzlich willkommen.«

Ich sah mich um. Mann, die haben es echt gut, dachte ich. Ich fragte mich, ob es überall so aussieht, wo es einen echten Vater gibt und nicht nur Pseudopapis und irgendwelche »Onkel«. Sie besaßen mehrere Sofas, Sessel und Beistelltische.

Nirgendwo war etwas aus Plastik zu sehen. An den Wänden hingen Bilder von schwarzen Künstlern, die ich nur aus der Fernsehserie *Good Times* kannte. Ihre Wohnung roch sogar besser. Jedenfalls nicht nach Frittier-Öl wie bei uns. Hier roch es nach Duftbäumchen.

»Wer ist denn da, Melissa?«, tönte eine Stimme aus dem Hintergrund.

»Aishas ...«, begann ihre Mom, unterbrach sich dann aber und sagte lächelnd: »Ein Freund von Aisha.«

Sekunden später tauchte Aishas Vater auf, der extrem entspannt aussah. Sein Hemd hing aus der Hose, er trug braune Hausschuhe und hatte eine silberne Drahtgestell-Brille auf der Nase. Er war groß und hatte den Körperbau eines gut trainierten Soldaten. Auch sein Haarschnitt erinnerte mich ans Militär.

Er kam auf mich zu und schüttelte meine Hand. Spätestens nach seinem Händedruck war mir klar, dass man sich mit ihm nicht anlegen sollte.

»Wie geht's, mein Junge?«, sagte er.

»Sehr gut, Sir. Eine schöne Wohnung haben Sie. Es riecht so gut hier.«

Er ließ meine Hand los und warf mir einen leicht verwirrten Blick zu.

»Aisha!«

Ich hörte das Knarren einer Tür.

Da sie immer noch nicht aufgetaucht war, vermutete ich, dass sie noch nervöser war als ich. Wahrscheinlich hatte sie die offizielle Begrüßung mit Absicht verpasst.

»Du hast Besuch!«

»Komme ...«, antwortete Aisha.

»Also – wo habt ihr euch kennengelernt? In der Schule?«

»Nee ... äh, nein, Sir.«

»Sie haben sich in der Kirche kennengelernt«, mischte sich Aishas Mutter ein.

»Ahh, in der Kirche ... verstehe. Deine Eltern sind auch Gemeindemitglieder?«

OBWOHL SIE NUR DREI BLOCKS ENTFERNT WOHNTE, KAM ES MIR VOR WIE EINE ANDERE WELT. ES WAR ZWAR IMMER NOCH DIE HOOD, ABER IRGENDWIE SCHIEN ES EINE GLÜCKLICHERE HOOD ZU SEIN. IN DIESER GEGEND HATTEN DIE OBDACHLOSEN WENIGSTENS DECKEN.

»Auf keins... ich meine, nein, Sir«, sagte ich. »Nur meine Mutter, mein kleiner Bruder und ich. Ach ja, und ihr Freund, aber der geht nur, wenn er Bock ... Lust hat.«

»Ihr ›Freund‹?«

Aishas Mom hüstelte, um ihrem Mann zu verstehen zu geben, dass er nicht weiter fragen sollte.

Zum Glück dauerte das peinliche Schweigen nur einige Sekunden, weil dann Aisha endlich aus ihrem Zimmer kam.

»Aisha«, sagte ihr Dad. »Ihr seid also befreundet?«

»Ja, Sir.«

»Wie gut befreundet?« fragte er sie mit hochgezogenen Augenbrauen und warf mir einen durchdringenden Blick zu.

Ich war mittlerweile mit genügend Mädchen ausgegangen, um zu wissen, was dieser Blick bedeutete. Normalerweise kam er allerdings nicht von den Vätern, weil es die fast nie gab, sondern von Müttern, großen Brüdern oder Onkeln.

»Henry!«, unterbrach ihre Mutter ihn wieder. »Du verunsicherst ihn.«

»Ziemlich gut befreundet, Daddy«, antwortete Aisha.

»Scheint so. Immerhin telefoniert ihr ja nächtelang«, bemerkte er. »Weiß deine Mutter, dass du so viel telefonierst, mein Junge?«

»Ja.«

»Und ihr *Freund*?«

»Henry! Das geht uns nichts an!«

»Ist schon okay, Mrs Parker«, sagte ich und wendete mich wieder ihrem Mann zu. »Ehrlich gesagt, Sir, weiß ich das nicht so genau. Aber selbst wenn er es wüsste, wäre es egal, weil meine Mutter die Rechnungen bezahlt, die durch ihn eigentlich nur höher werden.«

Aisha und ihre Mom rissen fast gleichzeitig erschrocken die Augen auf. Ich rechnete damit, dass ihr Vater mich im nächsten Augenblick am Schlafittchen packen und aus der Wohnung schmeißen würde. Danach würde ich dann wohl nie wieder etwas von Aisha hören. Aber dann begann er plötzlich leise zu lachen.

Als das Lachen immer lauter wurde, stimmten auch Aisha und ihre Mutter ein.

»Weißt du was? Ich glaube, du gefällst mir«, sagte er, immer noch lachend. »Aber ich muss jetzt wieder zum Fernseher. Das Spiel läuft gerade. Angenehm, dich kennengelernt zu haben«, sagte er und hielt mir wieder seine Hand hin. »Ich mag dich, aber ich würde dich umbringen. Verstehen wir uns?!«

Ich nickte.

Er ließ meine Hand los und ging zurück ins Wohnzimmer.

»Möchtest du zum Essen bleiben?«, fragte Aishas Mutter.

»Gerne ... wenn es keine Umstände macht.«

»Ich glaube, du hast den Test bestanden ...«, sagte sie, zwinkerte uns zu und ging in die Küche.

Aisha und ich lächelten uns an.

Es war einer der wenigen Momente, in denen in der Hood von Long Beach alles perfekt war.

19. KAPITEL

LIFE IS A LESSON 'CAUSE LIFE IS SO VICIOUS

Nach dem Besuch durfte ich Aisha jederzeit anrufen. Manchmal sprach ich sogar länger mit Aishas Mom. Wenn ich Aisha besuchte, wurde ich von ihrer Mom meistens sofort in die Küche gelotst und bekam eine Kostprobe von dem Essen, das sie gerade kochte.

Sie freute sich darüber, dass es endlich wieder jemanden gab, der ihre Kochkünste zu würdigen wusste. Wahrscheinlich ist es egal, wie gut jemand kocht. Irgendwann gewöhnt man sich zwangsläufig daran und verlernt, die Bemühungen zu schätzen. Natürlich kochte sie nicht besser als Ma – niemand kocht besser als sie –, aber ich gehöre nicht zu denen, die ein gutes Essen sausen lassen, bloß weil es nicht von der eigenen Mutter zubereitet wurde.

Wenn ich anrief, ging manchmal sogar ihr Vater ans Telefon, um einfach nur kurz Hallo zu sagen oder mit mir über Sport zu reden. Ab und zu wollte er sich über die letzte Sonntagspredigt unterhalten, aber da ich in der Kirche meistens einschlief, hatte ich in der Regel keine Ahnung, wovon er eigentlich sprach. Zum Glück fiel es nicht weiter auf, weil er die meiste Zeit redete und ich nur zuhörte.

Ich glaube, dass es ihren Eltern besonders gefiel, dass Aisha und ich uns in der Kirche kennengelernt hatten. Sie konnten ja nicht ahnen, dass man Bing und mich beinahe mit vorgehalte-

ALS ICH SIE ANSAH, AHNTE ICH, WIE AISHA IN ZWANZIG JAHREN AUSSEHEN WÜRDE. WENN MEINE VERMUTUNGEN ZUTRAFEN, HATTE ICH ECHT SCHWEIN GEHABT. SIE WAR SCHARF. KEIN WUNDER, DASS AISHAS DAD BEI IHR GEBLIEBEN WAR.

ner Waffe in die Kirche zwingen musste. Aber was Aisha betraf, war es ein echter Segen. Ich glaube, ich schulde Gott jetzt was.

Alles lief ziemlich gut. Aisha und ich hatten zwar noch keinen Sex gehabt, aber wir hatten schon so ziemlich alles andere ausprobiert.

»Yo, Mann – bist du heute wieder mit deinem Mädchen unterwegs oder machen wir Mucke?«, fragte Herc. »Beides geht nicht!«

»Was'n mit dir?«, fragte ich.

»Was mit *mir* ist?! Hey, ich hab auch meine Bitches, aber bei denen sage *ich*, wo's langgeht!«

»Na sicher, Herc ...«

»Leck mich!«, erwiderte Herc. »Ich hab genügend Bitches am Start. Bloß weil man sie nicht ständig sieht, heißt das nicht, dass es sie nicht gibt ... ach, was soll's ... drauf geschissen, Bruder. Ich kann uns Freitag bei einer Party reinschleusen. Hast du Bock?«

»Na klar.«

»Ist 'ne Freestyle-Party mit Niggaz, die nix draufhaben, aber so tun, als wären sie die Kings.«

»So wie du also«, sagte ich, »Ich meine, bevor du mich getroffen hast.«

»Fick dich! Pass auf: Ich glaube, es ist Zeit für unser Coming-out. Wir sollten den Jungs mal zeigen, wie es geht ... natürlich nur, wenn dein Mädchen damit einverstanden ist.«

»Sehr witzig! Bist du fertig?«

»Ich sag ja nur. Jedenfalls können wir nicht unser Leben lang nur Texte schreiben. Irgendwann müssen wir auch auftreten. Manifest Destiny, Digga!«

»Was'n das jetzt für'n Scheiß??«

»Kommt von unseren amerikanischen Gründungsvätern. Im 19. Jahrhundert beschlossen sie, dass sie von Gott auserwählt waren, um diesen Kontinent zu übernehmen. ›Scheiß auf die Indianer. Das hier sollte alles uns gehören, und deshalb werden wir es uns nehmen. Um jeden Preis.‹«

»Wo hast du das denn her?«, fragte ich.

»Schule, Motherfucka. Du weißt schon – der Ort, wo du dich schon seit Monaten nicht mehr hast blicken lassen. *Unsere* göttliche Vorsehung ist die Musik.«

So seltsam es auch klingen mag: In einem Punkt hatte Herc recht. Bei dem ganzen Stress mit Aisha und Buddha hatte ich meine großen Ziele ein bisschen aus den Augen verloren. Aber ich glaubte immer noch fest an Buddhas Worte: »Du brauchst immer einen Plan B. Und was auch immer es sein mag – tue es mit Leidenschaft!«

Rap war meine große Liebe; mein Schicksal; mein Manifest Destiny.

»In welchem Jahr war das?«, fragte ich.

»Du hast doch auch ein Scheiß-Geschichtsbuch. Kuck doch selbst nach! Vielleicht lernst du sogar aus Versehen was dabei.«

Wir lachten und machten uns auf den Weg, um noch an ein paar Beats zu arbeiten.

20. KAPITEL

SEE IF YOU FEEL MY PAIN – ONE MORE GAME

Die Freestyle-Party war die Gelegenheit für mich. »Ich dachte, wir wollten heute ins Kino gehen«, schmollte Aisha. Ihre Stimme sagte mir, dass sie alles andere als begeistert von der Planänderung war.

»Wollten wir auch, aber ich kann nicht.«

»Warum nicht?«

»Darum.«

»Warum?«

»Weil ich mit Herc auf die Piste gehe«, sagte ich. Den wirklichen Grund wollte ich ihr nicht sagen.

»Herc also?«

»Ja, Herc!«

»Okay. Na dann viel Spaß euch beiden«, sagte sie, während sie ihre Hand auf meinen Oberschenkel legte und sie langsam auf und ab bewegte.

»Was machst du da?«, fragte ich. Ihre schlechte Laune war nicht das Einzige, was immer größer wurde ...«

»Nach was fühlt es sich denn an?«, fragte sie, und legte ihre Hand in meinen Schritt.

»Weißt du was?! Amüsier dich gut mit deinem Homie«, fügte sie hinzu und küsste mich auf den Mund. »Herc kann das sicher genauso gut wie ich ...«

»Selbst wenn er es könnte, würde ich ihn nicht lassen«, erwiderte ich. Dann küsste sie mich wieder und ließ ganz langsam ihre Zunge in meinem Mund kreisen.

»Kein Problem ... Ist mir schon klar, warum du lieber mit Herc abhängen willst. Wenn ich ein Mann wäre, würde ich auch lieber mit meinem Kumpel abhängen als mit etwas Warmem ...«, flüsterte sie und küsste mein Ohr, »... Weichem ...«, ihre Zunge glitt über meinen Nacken, »... und Feuchtem.«

Ich war kurz davor, umzukippen.

»Viel Spaß«, sagte sie abschließend. Sie wusste genau, dass ich ihr sehnsüchtig hinterherschaute, wie sie mit schwingenden Hüften davonstolzierte. Wenn diese Party nicht ein absoluter Knaller werden würde, könnte Herc was erleben!

»Ich ruf dich an«, rief ich ihr hinterher.

»Von mir aus«, antwortete sie, ohne sich umzudrehen.

»Und du legst besser nicht gleich wieder auf!«

»Mal sehn«, erwiderte sie schnippisch.

Als Herc und ich dann abends bei der Party ankamen, wurde mir klar, dass er gar nicht genau wusste, wie wir eigentlich reinkommen sollten.

»Ich dachte, du hättest 'ne Connection?!«, sagte ich wütend. »Ich mach dich platt!«

»Weil wir bei einer Party nicht reinkommen?«

»Nein, weil du keinen Blassen hast, was ich wegen dir verpasse.«

»Mach dich mal locker, Digga«, antwortete er. Der fette Bass ließ die Fenster klirren. Es war die Party von Deshon, dem Cousin unseres Homies Chauncey. Sein anderer Cousin Peron organisierte Clubveranstaltungen und Deshon Hauspartys. Scheinbar lag das Partybusiness der Familie im Blut.

Plötzlich steckte Chauncey seinen Kopf durch die Tür.

»Yo, geht gleich los. Gebt mir noch ein paar Minuten«, sagte er. Eine heiße Braut nach der anderen ging an uns vorbei und verschwand im Haus.

»Wir haben dir schon mehr als ein paar Minuten gegeben, Chauncey«, rief ich.

»Nigga, was ist denn los mit dir?«, fragte Herc. »Willst du dich heute unbedingt boxen, oder was?!«

»Ich könnte jetzt bei Aisha sein«, sagte ich. »Und stattdessen stehen wir hier wie die letzten Asis vor der Tür und kommen nicht rein.«

»Ohhh. Ich hätte es wissen müssen«, stöhnte Herc. »Frage: Wie kann man sich mit Sexentzug erpressen lassen, wenn man noch nicht mal Sex hatte? Das würde mich echt mal interessieren! Willst du rappen, oder auf große Liebe machen?! Du musst dich entscheiden – beides geht nicht!«

»Vielleicht will ich ja über die große Liebe rappen – hast du daran schon mal gedacht? ... Ich bin raus«, sagte ich.

Während wir kurz davor waren, einen unserer üblichen Streite zu beginnen, tauchte Chauncey auf einmal an der Seite des Hauses auf.

»Yo, kommt schon. Wir schleichen uns von hinten rein.«

»Hinten, warum hinten? Warum nicht vorne?«

»Halt endlich deine Fresse«, sagte Herc. »Wir kommen rein – umsonst!«

Als wir ihm durch den Garten folgten, rissen uns die Dornenbüsche fast die ganze Haut von den Armen.

»Scheiße«, rief ich.

»Oh ... 'tschuldigung«, flüsterte Chauncey. »Stimmt ja ... die Rosenbüsche.«

Mittlerweile war es mir egal, wie gut die Party sein würde – Herc würde auf jeden Fall was erleben können. Und Chauncey auch.

»Ach ja, Vorsicht bei den Stufen, die sind total im Arsch.«

Zu spät. Ich hatte mir auf den bröckelnden Treppen zur Veranda schon fast das Genick gebrochen. Ich warf Herc einen wütenden Blick zu. Endlich waren wir drinnen. Die Party war genauso heiß, wie wir gedacht hatten. Das Haus war voll mit Niggaz und scharfen Ladys.

Ansonsten war es so, wie Herc vermutet hatte. Alle taten so, als wären sie die Größten, aber außer auswendig gelernten Kinderreimen hatten sie eigentlich nichts drauf.

Von da an dachte ich an nichts anderes mehr, als diese Clowns von der Bühne zu fegen.

»Siehst du! Irgendwann wirst du schon auf mich hören«, sagte Herc, während er sich einen Dorn aus dem Arm zog.

Er hatte recht, obwohl ich das natürlich nie zugegeben hätte: Texte zu schreiben, war das eine, aber ein Live-Publikum zu rocken, war eine komplett andere Liga. Wir hatten viel geprobt – ich mit Buddhas Mikro und Herc mit dem alten Plattenspieler seiner Mom, den er an einen Sampler angeschlossen hatte. Aber im stillen Kämmerlein zu proben, war etwas anderes, als auf einer Party abzuräumen.

Herc zeigte auf die Jungs, die gerade rappten. »So gut sind die nicht«, sagte er. »Ich sag's dir, Mann! Das ist genau unser Ding.«

Herc war der Flavor Fav von Long Beach. Er war der Mann für den Hype – ein echter Ghetto-Svengali. Wenn ich an mir zweifelte, textete mich Herc so lange zu, bis ich glaubte, dass ich der Beste sei.

Das Partypublikum war bunt gemischt. Es gab einige Vertreter der 60s Crips aus South Central, die Jungs von den 20s Crips aus Long Beach, die Compton Pirus und die Grape Street Watts. Es gab sogar ein paar Dreher aus dem Valley, die in Blau *und* Rot angetanzt waren. Offensichtlich wussten sie selbst nicht, ob sie Crips oder Bloods sein wollten. Normalerweise hätten sie wohl eins auf die Fresse bekommen, aber da jeder wusste, dass sie aus dem Valley waren, ließ man sie in Ruhe.

»Der Typ am Mikro ist nicht mal halb so gut wie du«, sagte Herc. »Nicht mal halb so gut – glaub mir, Digga! Das da solltest du sein – und ich der Typ an den Turntables. Die haben keine Chance. Yo, ich sorg dafür, dass wir die Nächsten sind!« Er winkte noch kurz und schon war er in der Menge verschwunden.

»Warte!«, rief ich und wollte hinter ihm her, aber ich verlor ihn aus den Augen, weil mir der Weg von einigen Jungs versperrt wurde, die offensichtlich ihre Zeit im Knast für intensives Krafttraining genutzt hatten. So wie ich Herc kannte, würde ich erst wieder etwas von ihm hören, wenn er mich lauthals ankündigte. »Yo, Herc!«, rief ich noch einmal, aber er blieb verschwunden.

Plötzlich tippte mir jemand auf die Schulter. Ich drehte mich um. Scheiße! Es war Mishi. Sie war komplett aufgebrezelt und offensichtlich auf Tussi-Modus.

»Wo hast du dich denn rumgetrieben in letzter Zeit?«, fragte sie, ließ eine riesige Kaugummiblase platzen und leckte dann mit ihrer Zunge über ihre Lippen.

»Hier und da ... nix Besonderes«, antwortete ich.

»Schon klar, was du getrieben hast«, sagte sie, mit ihren Braids spielend. »Die große Frage ist: Mit wem?«

Sie kam ganz nah an mich heran und presste ihre Brust gegen meinen Oberkörper.

ICH GLAUBE, DASS ES IHREN ELTERN BESONDERS GEFIEL, DASS AISHA UND ICH UNS IN DER KIRCHE KENNENGELERNT HATTEN. ICH GLAUBE, ICH SCHULDE GOTT JETZT WAS.

Mit Mishi und mir war es eine ganze Weile immer hin und her gegangen. Es hätte mich nicht überrascht, wenn es damals unter der Tribüne nicht ihr erstes Mal gewesen war. Mir war klar, dass Frauen sich früher entwickeln als Männer, aber Mishi hatte mit vierzehn Jahren schon Sachen drauf, von denen viele Achtzehnjährige noch nie etwas gehört haben. Sie war ein Naturtalent – so ähnlich wie Bobby Fischer, der Schachspieler, aber eben auf sexueller Ebene. Oder sie war einfach nur 'ne Nutte.

»Was geht, Mishi?«, hatten irgendwelche Jungs ihr auf der Straße zugerufen, wenn ich mit ihr spazieren ging.

»Hey, kannst ruhig mal anrufen«, rief ein anderer Nigga aus einem vorbeifahrenden Wagen.

Mishi tat immer so, als würden die Jungs Witze machen, aber ich vermutete damals schon, dass da was nicht stimmte ...

Anfangs war es mir egal. Schließlich hatte sie mich in eine ganz neue Welt eingeführt. Irgendwann hatte ich dann aber die Schnauze voll.

»Ich habe mich nur für dich aufgespart«, hatte sie immer gesäuselt. »Du bist der Einzige!«

Sie gab es zwar nie zu, aber ich wusste, dass ich in Wirklichkeit nur einer von Vielen war.

»Meine Nummer hast du doch noch, oder?!«, fragte sie.

»Ja, hab ich«, erwiderte ich, während sie ihren Oberschenkel gegen meinen presste.

»Dann ruf gefälligst an.«

»Mal sehen.«

»Bis dann«, sagte sie und ging zur Bar. Ich sah ihr nach und musste automatisch an unsere Beziehung denken: Die guten Zeiten, die häufigeren, nicht so guten Zeiten ... und an den guten Sex.

»Die Schlampe wickelt dich ja immer noch um den kleinen Finger«, sagte Herc, der auf einmal wieder aufgetaucht war. »Na ja, vielleicht hilft das ja: Sie fickt Chaunceys Cousin Peron. Bist du jetzt drüber weg?«

Ich konnte nur schweigend den Kopf schütteln. Herc hatte mich brutal aus meinen Erinnerungen gerissen.

»Und jetzt komm mit.«

Diesmal blieb ich dicht hinter ihm, als er sich einen Weg durch die Menge bahnte.

»Wohin willst du denn?«

»Wirst du schon merken, wenn wir da sind.«

»Wo ist denn ›da‹?«

»In der Höhle des Löwen, im Zentrum des Universums! Du bist gleich dran, Digga!«

»Du meinst ›Wir sind gleich dran‹.«

»Nee – *du*! Ich bin an den Turntables. Die haben nur ein Mikro, und da steht dein Name drauf!«

Wie lange es noch dauern würde, bis wir dran wären, stand allerdings in den Sternen. Die Jungs am Mikro waren erbärmlich – da kam wirklich nichts als peinliche Kinderreime. Viele Partygäste waren schon kurz davor abzuhauen. Erst fluchten sie nur immer lauter, aber irgendwann wurden sie richtig wütend. Einer von ihnen warf sogar eine Bierpulle, die dem einen Typen gegen den Kopf knallte. Man würde vermuten, dass jemand, dem eine Flasche an die Stirn scheppert, die Message versteht, aber manche Leute schnallen es einfach nicht.

Wenn man ein Mikro hat, fühlt man sich wie ein Gott, und egal wie sehr man vom Publikum gedisst wird oder wie schlecht man ist – so eine Macht gibt man nicht einfach so wieder aus der Hand.

Es war wie bei einem extrem peinlichen Talentwettbewerb. Fehlte nur noch, dass im Hintergrund irgendwelche Bitches, die nicht tanzen konnten, versuchten, mit dem Arsch zu wackeln.

Als der Typ immer noch keine Anstalten machte, aufzuhören, griff plötzlich eine Hand nach dem Mikro und eine andere packte ihn am Kragen. Es waren Chaunceys Cousin Deshon und einer seiner Jungs, die auch gemerkt hatten, dass die Party gleich vorbei sein würde, wenn man nichts unternahm.

Wenige Sekunden später schnappten sie sich auch den DJ. Er hatte zwar nicht gerappt, aber er trug die gleiche Schuld wie sein Kollege.

Man musste keine Intelligenzbestie sein, um zu wissen, was jetzt zu tun war. Herc sprang an die Turntables, ich griff mir das Mikro, und nach wenigen Sekunden Pause ging die Party wieder richtig ab. Als Herc *Skin Tight* von den Ohio Players auflegte, rastete die Menge sofort aus. Der Crossfader war in voller Aktion und Herc mixte wie ein Wahnsinniger drauflos. Als ich ihm dabei zusah, vergaß ich sogar für einen Augenblick, was ich eigentlich zu tun hatte. Er nahm kurz die Kopfhörer ab und rief: »Bist du hier, um zuzugucken, oder was?«

Das war mein Stichwort.

Genau auf diesen Moment hatte ich mein ganzes Leben gewartet. Ich hatte ein Mikro, einen Traum und genau einen Versuch. Die Stunde der Wahrheit war gekommen. Ich umklammerte das Mikro so fest ich konnte und warf Herc einen letzten Blick zu. Als unsere Blicke sich trafen, wusste ich, dass wir im nächsten Augenblick den Laden rocken würden.

Und genau das taten wir.

Die Zeit des Redens war vorbei.

Der Anfang war gemacht.

MITTLERWEILE HATTEN
WIR KEINE PROBLEME MEHR,
BEI PARTYS REINGELASSEN
ZU WERDEN. IN DER HOOD
WAREN WIR BERÜHMT.
ALLE WUSSTEN, DASS DIE
PARTYS, AUF DENEN WIR
AUFTRATEN, BOMBE WAREN.

21. KAPITEL

SHOULD YOU STAY OR JUST WALK AWAY

Am nächsten Freitag war es genau das Gleiche. Am übernächsten auch. Während wir eine Party nach der anderen zum Überkochen brachten, hatte ich kaum noch Zeit für Aisha.

»Du gehst schon wieder auf eine Party??«, fragte sie.

Sie schien nicht wirklich zu kapieren, wie wichtig mir dieser Traum war. Wir waren wieder am Anfang angekommen. Wenn ich sie anrief, nahm sie ab und legte gleich wieder auf. Es geschah irgendwann so oft, dass ich mir sicher war, dass ihre Mutter es auch tat.

HipHop war jetzt wichtiger als die große Liebe, und ich verbrachte mehr Zeit mit dem Mikro als mit meiner Süßen. Rappen war endlich nicht mehr nur eine Illusion. Wir taten alles dafür, um möglichst bald auf einer Stufe mit G-Bang und den anderen zu stehen.

»Wenn ich dich irgendwie dazu kriegen könnte, so gut zu verkaufen, wie du rappst, wären wir Millionäre«, witzelte Buddha.

Ich wusste, dass er stolz auf mich war, aber gleichzeitig wollte er mich auch an unser Business erinnern.

Auch zwischen Ma und Harvey schien es etwas besser zu laufen. Jedenfalls war ich so selten zu Hause, dass es mich nicht wirklich nerven konnte. Wenn ich von den Proben mit Herc nach Hause kam, konnten mich weder Onkel Mikes Schnarchen noch die gelegentlichen Tritte von Bing am Schlafen hindern.

Fast jedes Wochenende traten wir auf einer Party auf. Chauncey, der die Connections hatte, besorgte uns Auftritte in Long Beach und manchmal sogar in L.A. Einmal schleppte er uns sogar zu einer Party im Valley, wo lauter Weiße und Asiaten rumhingen. Selbst die Schwarzen, die es da gab, benahmen sich wie Weiße. Statt Literflaschen Bier und Chickenwings gab es Sushi und Light-Bier. Wir rockten trotzdem.

»Du gehst schon wieder aus?«, fragte Bing.

Wenn er alt genug gewesen wäre, hätte ich ihn mitgenommen. Aber ich hätte mich nicht um ihn kümmern können.

Als ich eines Tages bei Aisha anrief und sie wieder sofort auflegte, als sie meine Stimme hörte, hatte ich genug.

Am nächsten Tag stand ich wieder auf dem Gang in der Schule und wartete darauf, dass sie aus dem Unterricht kam.

»Aisha!«, rief ich.

Sie lief einfach weiter und ignorierte mich. Ich überholte sie und schnitt ihr den Weg ab.

»Was?«, fragte sie aggressiv. So wie sie mich ansah, wird man nur von Frauen angesehen, wenn sie wirklich angepisst sind.

»Warum legst du immer auf, wenn ich anrufe?«

»Das weißt du genau!«

»Weil ich tue, was ich liebe?!«

»Nein, weil dir offensichtlich die Liebe egal ist. Oder wenigstens das, was *du* ›Liebe‹ nennst!«

Die Schulklingel ging los.

»Ruf mich später an«, sagte sie und ließ mich stehen.

»Legst du dann wieder auf?«

»Wahrscheinlich.«

»Aber warum soll ich dann überhaupt anrufen?«

Sie antwortete nicht.

»Sie zickt nur ein bisschen rum«, meinte Herc. »Woran sollte man denn sonst erkennen, dass sie eine Frau ist? Chauncey hat 'ne Party in L.A. Downtown am Start. Wieder irgendein Verwandter von ihm – Max, glaube ich.«

Wie konnte eine einzige Familie nur so viele Partys schmeißen?

Mittlerweile hatten wir jedenfalls keine Probleme mehr, bei den Partys reingelassen zu werden. In der Hood waren wir schon berühmt. Alle wussten, dass die Partys, auf denen wir auftraten, garantiert Bombe waren.

»Siehste, hab ich doch gesagt!«, murmelte Herc, als man uns an den Wartenden vorbeiwinkte.

Es war nicht wirklich eine Freestyle-Party, aber es gab ein Mikro und ein DJ-Set. Ich ließ die Reime sprudeln, während Herc hinter mir scratchte und mixte. Die Stimmung war so gut, dass man am Ende sogar meinen Namen rief.

Ich sah zu Herc. Er erwiderte zwar meinen Blick, aber irgendwas stimmte nicht. Er machte eine unauffällige Kopfbewegung in die Richtung der Tür. Dann sah ich sie auch – Chino und drei seiner Jungs. Das war genau der Grund, warum ich nur ungern nach L.A. Downtown ging. Es war nicht meine Hood, und ich hatte keinen Schutz mehr.

Für eine Sekunde hörte ich auf zu rappen. In dem Moment, in dem Chino und ich uns ansahen, fing ich wieder an. Chino hob seine rechte Hand und zeigte auf mich, als wäre sie eine Knarre. Dann betätigte er mit dem Mittelfinger den imaginären Abzug.

Ich beobachtete Chino und seine Jungs dabei, wie sie sich langsam einen Weg durch die Menge bahnten. *Scheiße!* Fast jeder hier schien sie zu kennen.

DAS HAUS WAR VOLL
MIT NIGGAZ UND SCHARFEN
LADYS. ANSONSTEN WAR
ES SO, WIE HERC VERMUTET
HATTE. ALLE TATEN SO, ALS
WÄREN SIE DIE GRÖSSTEN,
ABER AUSSER AUSWENDIG
GELERNTEN KINDERREIMEN
HATTEN SIE EIGENTLICH
NICHTS DRAUF.

Wir saßen in der Falle. Mitten im Feindesland.

Herc und ich wussten, dass es allerhöchste Zeit war, den Abgang zu machen, und gaben uns ein kurzes Zeichen.

Die Musik lief noch, als Herc mit ein paar Platten unterm Arm und ich mit dem Mikro in der Hand zur Hintertür sprinteten. Ohne Rücksicht auf Verluste versuchten wir, so schnell wie möglich an den Leuten vorbeizukommen.

»Hey, pass doch auf, Nigga!«

»Yo, das war mein Fuß.«

Plötzlich hörte ich eine vertraute Stimme.

»Und was muss ich tun, dass du mich bemerkst?«

Es war Aisha.

»Was willst du denn hier?«

»Dich sehen«, antwortete sie. »Ich wollte dich überraschen.«

»Yo, komm schon, Mann! Wir müssen hier weg«, rief Herc.

Ich nahm Aishas Arm und zog sie hinter mir her.

»Was ist denn los?«, rief sie laut, um die Musik zu übertönen.

»Später! Komm einfach mit.«

Wir waren schon fast am Hintereingang angekommen, als uns einer von Chinos Jungs den Weg versperrte.

Wir drehten uns nach links, aber da stand auch schon einer.

Dann nach rechts. Noch einer.

Wir drehten uns um, und da stand Chino.

»Oye, mira – ihr könnt doch nicht einfach die Party anheizen und dann verschwinden. Ich fange grad erst an, mich zu amüsieren«, sagte er und sah seine Jungs an. »Warum sollte man denn all die heißen Muchachas alleine zurücklassen? Ah, ich verstehe …«, fügte er mit einem Blick auf Aisha hinzu. »Du hast deine eigene mija mitgebracht – muy bonita! Yo quiero coger a tu chica en el culo."

Seine Kumpels lachten, während er demonstrativ seine Hand in den Hosenbund steckte.

»Yo, fick dich!«, sagte Aisha.

»Mit dem allergrößten Vergnügen, mija«, antwortet Chino grinsend und drehte sich zu mir.

»Macht's dir was aus?«

Buddha hatte recht. Dieser Motherfucka war vollkommen außer Kontrolle.

»Fick dich!«

»Alle wollen mich ficken«, erwiderte er. Chino und seine Jungs lachten. »Jetzt rappst du also?«, fragte er, während mich eine Hand von hinten in seine Richtung schubste.

Ich reagierte nicht.

»Hast ja grade richtig einen hingerappt mit deiner putita an den Turntables.«

»Ich fick deine Bitch, du Pussy!«, sagte Herc.

Chino lachte und gab seinen Jungs ein Zeichen, sich nicht weiter um Herc zu kümmern. »Wo ist eigentlich Buddha, der Mistkäfer?«, fragte er und seine Jungs lachten leise. »Du kannst ihm von mir was ausrichten: Er ist fällig. Sag ihm das. Comprende?«

Chino sah mir voller Hass in die Augen. Dann starrte er Aisha lange auf die Brüste, bevor er sich wieder Herc zuwendete.

»Und was dich und meine Bitch betrifft: Tu madre war meine puta anoche!«

Was auch immer er da erzählte – der Scheiß musste ein Ende haben. Ich konnte nicht einfach tatenlos zusehen, wie er uns anwichste, mein Mädchen disste und dann auch noch Buddha in den Dreck zog. In dem Augenblick, als ich ihm mit dem Mikro eine überbraten wollte, rief plötzlich jemand:

»Yo, das reicht!«

Es war Chaunceys Cousin Max. Neben ihm standen fünf seiner Kumpels, die alle größer waren als Chinos.

»Immer schön locker bleiben, Amigos! Wer die Freunde meines Cousins zu ficken versucht, fickt mit mir und meinen Jungs«, sagte er und sah Chino drohend an.

Chino stutzte kurz. Dann begann er zu grinsen.

»Wir haben uns nur gefragt, warum die Showband plötzlich abhaut ...« Chino nickte seinen Freunden zu und sie setzten sich in Bewegung. Der Typ hinter mir gab mir noch einen letzten Schubser, um mir zu zeigen, dass wir noch nicht fertig waren.

Ich war erleichtert, dass Max und seine Homies uns zu Hilfe gekommen waren, weil wir sonst zweifellos richtig auf die Schnauze bekommen hätten. Vielleicht hätte ich den ersten Schlag landen können, aber es wäre mit ziemlich großer Sicherheit auch mein letzter gewesen.

Herc, Aisha und ich verließen das Haus durch den Hintereingang. Wenigstens hatte Herc das Auto seiner Mom bekommen. Es war keine gute Uhrzeit, um zu Fuß unterwegs zu sein; ganz egal ob wir in unserer Hood waren oder nicht. Schweigend machten wir uns auf den Rückweg und überprüften in den Rückspiegeln, ob man uns folgte.

»Aber wir haben gerockt, oder?!«, brach Herc das Schweigen.

»Ja, aber fast hätten wir uns 'ne Kugel eingefangen«, antwortete ich.

Aisha saß mit verschränkten Armen auf dem Rücksitz und starrte aus dem Fenster.

»Lieber für etwas leben, als für nichts zu sterben«, sagte Herc.

»Was is'n das für'n Scheiß?«, platzte Aisha heraus.

Herc sah mich an.

»Redet sie mit dir? Mit mir jedenfalls nicht ...«

»Ich meine euch beide!! Wir hätten draufgehen können, und ihr reißt Witze?! Und warum sitze ich eigentlich hinten?«

»Ist doch sicher nicht die erste Rückbank deines Lebens«, schoss Herc dreckig grinsend zurück.

»Fick dich doch!«

»Hey, Herc. Komm runter, okay?!«

»Ich? Das solltest du lieber deinem Mädchen verklickern. Soweit ich weiß, war sie nicht mal eingeladen. Von mir aus kann sie auch nach Hause laufen.«

»Lass mich sofort raus«, antwortete Aisha.

Mit quietschenden Bremsen kam der Wagen zum Stehen.

Aisha öffnete die Tür, stieg aus und stampfte wütend an dem Schnapsladen auf der Stocker Street vorbei.

»Musste das jetzt sein?«, fragte ich.

»Ja. Wenn du sie nicht unter Kontrolle hast ...«

»Warte hier«, sagte ich und öffnete die Tür.

Ich lief Aisha hinterher, die schon den Berg nach Valley Ridge hinauflief.

»Aisha! Bleib stehen!«

Während ich versuchte, sie einzuholen, fuhr Hercs Wagen im Schritttempo hinter mir her.

»Was machst du da?? Steig wieder ins Auto.«

Sie lief einfach weiter.

»Aisha«, sagte ich und griff nach ihrem Arm. »Was ist eigentlich los mit dir?«

»Was ist los mit *mir*?!«, platzte sie heraus, nachdem sie endlich stehengeblieben war und sich umgedreht hatte.

»Lass uns fahren, Ulysses«, rief Herc. »Der Wagen muss vor Mitternacht wieder zu Hause sein.«

»Halt die Backen, Herc. Aisha – sprich mit mir.«

»Machst du dir was aus mir?«, fragte sie.

»Das weißt du doch!«

»Weiß ich nicht! Wem sein eigenes Leben offensichtlich scheißegal ist, macht sich wohl kaum etwas aus dem Leben eines anderen!«

Ich schwieg, weil ich nicht wusste, was ich antworten sollte.

»Ich kann so nicht weitermachen.«

»Wie?«

»Das hier. Du, wir ... Ich mag dich wirklich, Ulysses. Aber so kann ich nicht leben!«

»Aisha, wovon redest du?«

»Du bist ein Dealer. Davon rede ich.«

»Das wusstest du von Anfang an. Du hast bis jetzt auch kein Problem damit gehabt. Kino, Essen, Geschenke – der ganze Scheiß! Und jetzt ist es plötzlich ein Problem?!«

»Ich liebe dich, Ulysses. Das ist das Problem.«

Ihre Worte hallten wie ein Echo in meinem Kopf. Außer Ma und Grandma hatte mir noch nie eine Frau gesagt, dass sie mich liebte, und es auch so gemeint.

»Was erwartest du?«, fragte ich sie nach einigen Sekunden.

»Ich will, dass du dich entscheidest.«

Ich starrte sie wortlos an.

»Apropos ›entscheiden‹ – könnten wir uns vielleicht erst mal dafür entscheiden, nach Long Beach zurückzufahren, bevor wir hier abgeknallt werden?«, mischte Herc sich ein.

Aisha wendete ihren Blick nicht von mir ab.

»Komm schon, lass uns fahren.«

Sie schüttelte ganz langsam den Kopf, ging hinüber zum Wagen und stieg ein.

Während Herc auf der Interstate 405 nach Hause fuhr, herrschte eisiges Schweigen.

Als Erstes setzten wir Aisha zu Hause ab. Noch bevor der Wagen anhielt, war sie schon aus dem Auto gesprungen und in ihrem Haus verschwunden.

»Nicht mal ein Danke – was für eine undankbare Bitch«, sagte Herc und schüttelte den Kopf. »Gern geschehen …«, rief er ihr nach, als die Haustür mit einem lauten Knall ins Schloss fiel.

»Hunger?«, fragte Herc. »Bei mir gibt's noch Hackbraten. Wir könnten ein paar Sandwiches machen.«

»Nee, lass mal. Setz mich einfach zu Hause ab.«

Kurz darauf waren wir bereits bei mir angekommen.

»Wir haben echt abgeräumt«, sagte Herc und gab mir fünf.

Noch nie hatte ich mich gleichzeitig so leer und so erfüllt gefühlt.

22. KAPITEL

IT'S LONELY OUTSIDE IF ONLY I TRIED

Es war schon nach Mitternacht. Ich öffnete so leise wie möglich die Tür meines Zimmers, aber Bing war noch wach. Er war alleine und starrte aus dem Fenster.

»Yo, was geht?«

»Hi.«

»Wo ist Mike?«, fragte ich.

»Ausgegangen.«

»Was ist los mit dir?«

»Nichts.«

»Bing«, sagte ich, legte meine Hand auf seine Schulter und drehte ihn um. »Was ist los?«

»Ma.«

»Was ist mit Ma?«

»Sie hat wieder ihren Job verloren.«

Ich ging auf den Flur und klopfte an ihre Schlafzimmertür, aber es regte sich nichts. Ich klopfte lauter – immer noch keine Reaktion. Ich war kurz davor, mit voller Wucht gegen die Tür zu hämmern, als sie plötzlich geöffnet wurde.

»Was ist?«, fragte Harvey. Er trug zwar nur ein Unterhemd und Boxershorts, sah aber nicht so aus, als hätte er schon geschlafen.

»Ist grad nicht so günstig.«

IHRE WORTE HALLTEN WIE EIN ECHO IN MEINEM KOPF. AUSSER MA UND GRANDMA HATTE MIR NOCH NIE EINE FRAU GESAGT, DASS SIE MICH LIEBT, UND ES AUCH SO GEMEINT.

»Geh mir aus dem Weg, Nigga« sagte ich und versuchte, ins Schlafzimmer zu treten. Er machte einen Schritt zur Seite und versperrte mir den Weg.

»Wenn du mir nicht gleich aus dem Weg gehst ...«, sagte ich.

»Wir sprechen uns morgen früh, Ulysses«, sagte Ma plötzlich aus dem Hintergrund. Ihre Stimme hörte sich schwach und depressiv an.

»Aber Ma, ich ...«

»Gute Nacht, Ulysses«, erwiderte sie nur.

»Zeit, dass du zur Abwechslung mal tust, was man dir sagt«, grinste Harvey und schloss die Tür.

Im gleichen Augenblick wurde die Wohnungstür geöffnet. Es war Onkel Mike.

»Hey Neffe«, sagte er. Sein Atem stank nach billigem Schnaps. »Kann ich dich kurz sprechen?«

»Ulysses, mein Name ist Ulysses!«

Ich drehte mich weg und ging den Flur entlang auf unser Zimmer zu. Ich wollte weder hören noch riechen, was aus seinem Mund kommen würde.

»Ulysses!«, rief er mir nach. »Wir müssen miteinander reden!«

Er ging zur Wohnungstür, öffnete sie und wartete darauf, dass ich ihm folgte.

»Bitte!«

Diese seltsame Nacht schien einfach kein Ende zu nehmen. Ich folgte Mike auf den Hausflur und schloss die Tür hinter mir.

»Also, pass auf, Neffe ...«, begann er und machte eine lange Pause. »Ulysses. Egal, was du von mir hältst – ich liebe deine

Mom.« Ich konnte kaum verstehen, was er sagte, weil der Fernseher unserer Nachbarn so laut war. »Sie hat ihren Job verloren ... aber das weißt du wahrscheinlich schon. Sie hat gerade echt viel um die Ohren.«

»Ohne Scheiß? Meinst du echt?«, erwiderte ich sarkastisch. »Zum Beispiel zwei erwachsene Männer, die zum Essen nichts als ihren Appetit mitbringen ...«

»Was mich betrifft, hast du recht, und bei Harvey wahrscheinlich auch«, sagte er mit einem ungewöhnlich unsicheren Gesichtsausdruck. »Aber hier geht's um deine Ma. Also«, flüsterte er leise, »ich weiß, was du so treibst.«

»Wovon redest du?«

»Ich weiß es, weil ich es früher auch gemacht habe. Mich kannst du nicht verarschen, indem du zur Vordertür rausgehst und hinten wieder reinkommst. Die Wände haben Ohren und die Straßen Augen.« Er machte eine Pause und sah mich an. »Ich weiß, dass du Geld hast. Du hast es, und deine Ma braucht es. Wir wissen beide, dass sie es von dir nicht annehmen würde. Aber von mir ...«

Ich war ganz Ohr.

»Also, mein Neffe. Du gibst mir ein bisschen Kohle, und ich gebe es deiner Ma. Sie braucht ja nicht zu wissen, wo es herkommt.«

»Woher weiß ich, dass ich dir vertrauen kann?«, fragte ich ihn, weil ich mir sehr gut vorstellen konnte, dass er von dem Geld den schlechten Schnaps durch guten ersetzen würde.

»Weil sie schon viel länger meine Schwester als deine Mutter ist. Und ich habe mir einiges angehört von dir, ohne dir für deine Respektlosigkeiten die Fresse zu polieren. Das liegt daran, dass mir klar ist, dass du zu jung und zu dumm bist, um es besser zu wissen. Vor allem aber weiß ich, dass du deine Mom liebst. Vielleicht hasst du mich, weil du mich für den letzten Dreck hältst, aber das sollte nicht deiner Liebe zu deiner Mom im Weg stehen.«

Für einen Moment vergaß ich, dass ich fast kotzen musste, wenn ich ihn ansah. Immer wieder war er Ma zur Last gefallen und hatte seine Probleme zu ihren gemacht. Dann griff ich in meine Hosentasche und gab ihm fünfhundert Dollar.

»Und wehe, wenn sie es nicht bekommt ...«

Er steckte das Geld ein und für eine Sekunde sah es so aus, als wollte er mich umarmen. Zum Glück fing er sich noch und erinnerte sich daran, dass es nicht zu unserer Beziehung gepasst hätte. Während Mike zurück in die Wohnung ging, blieb ich auf dem Flur stehen und dachte nach. Es gab kaum etwas Schlimmeres für mich, als wenn es Ma so ging wie jetzt. Am unerträglichsten war, dass ich ihr nicht helfen konnte. Mike hatte recht. Sie würde nie Geld von mir annehmen. Würde ich ja selbst auch nicht tun ...

Ma war arm, aber stolz. Drogengeld vom eigenen Sohn anzunehmen, wäre für sie wie ein Messerstich ins Herz. Es wäre für sie der Beweis, dass sie bei dem Versuch gescheitert war, ihren Söhnen ein besseres Leben zu ermöglichen.

In den nächsten paar Wochen gab ich Onkel Mike immer wieder Geld. Ich nahm an, dass Ma nie fragte, wo es herkam. Sie wusste genau, dass er nicht arbeitete, aber wahrscheinlich dachte sie sich, dass man ungeliebte Antworten manchmal am besten umgeht, indem man keine Fragen stellt. Die ersten fünfhundert Dollar waren für die Miete. Dann gab ich Mike weitere dreihundert, als der Vergaser ihres Autos den Geist aufgab. Was ich geben konnte, gab ich.

MA WAR ARM, ABER STOLZ. DROGENGELD VON DEM EIGENEN SOHN ANZUNEHMEN, WÄRE FÜR SIE WIE EIN MESSERSTICH INS HERZ. ES WÄRE FÜR SIE DER BEWEIS, DASS SIE BEI DEM VERSUCH GESCHEITERT WAR, IHREN SÖHNEN EIN BESSERES LEBEN ZU ERMÖGLICHEN.

Endlich konnte ich mich so am Haushalt beteiligen, wie ich es mir immer vorgestellt hatte, auch wenn es über Onkel Mike lief. Ma war diejenige, die unsere Familie zusammenhielt. Ohne sie würde alles sofort zusammenbrechen.

So lief es dann einige Wochen. Ma hatte noch immer keinen Job gefunden, und Onkel Mike bat mich immer häufiger um Geld.

»Yo, Neffe. Heute ist der Erste. Du weißt selbst, dass sie's nicht hat.«

Wieder fünfhundert.

»Yo, Neffe, hast du schon mitgekriegt, dass der Kühlschrank leer ist?«

Hundert.

Fünfundsiebzig für Strom. Hundertfünfzig für die Warmwasserrechnung, weil Harvey jeden Morgen fünfunddreißig Minuten unter der Dusche stand.

Ich war der Geldautomat von Long Beach. Fast jeden Tag spuckte ich Bargeld aus.

Wie hätte ich auch nein sagen können?!

Dann passierte es.

Ich kam eines Tages nach Hause und Onkel Mike war verschwunden. Auf dem Bett lag ein gerichtlicher Räumungsbeschluss.

Dieser Wichser hatte Ma offensichtlich nicht einen Cent von dem Geld gegeben.

Ich stopfte das Schreiben in meine Tasche und klopfte an Moms Tür. Sie war nicht da. Nur Harvey.

»Sie ist nicht da«, bellte er.

Mit Harvey darüber zu reden, war sowieso keine denkbare Variante.

Bing war auch nicht da. Ich hatte das Gefühl, dass abgesehen von dem verschwundenen Geld noch irgendetwas anderes im Busch war.

Was auch immer es war – ich würde es herausfinden!

23. KAPITEL

I'M A DOUGH BOY AND NO I AIN'T GIVIN' UP

In der nächsten Zeit geschah es immer häufiger, dass weder Ma noch Bing zu Hause waren. Dafür war Harvey fast immer da. Wenn ich ihn sah, war er entweder total verpennt oder besoffen. Ich konnte es ohnehin nicht unterscheiden, und es war mir auch herzlich egal.

Tante Estelle kam noch häufiger vorbei als sonst.

»Die Wege des Herrn sind unergründlich«, sagte sie. »Aber manchmal sind sie auch gar nicht so unergründlich. Man muss nur die Augen aufmachen und genau hinsehen. Wenn Adam genau hingesehen hätte, hätte er auch den Apfel nicht gegessen«, führte sie fort. »Denk an meine Worte, hörst du?! Denk an meine Worte!«

Selbst Tante Estelle benahm sich irgendwie noch merkwürdiger als sonst. Sie sprach fast nur noch in Rätseln. Alle schienen etwas zu wissen, das ich nicht wusste. Ich fragte zwar manchmal nach, aber niemand redete mit mir.

Einige Wochen vergingen. Onkel Mike blieb verschwunden. Wahrscheinlich war es so für alle am besten: Wenn er mir das nächste Mal über den Weg lief, wäre es garantiert das letzte Mal, dass irgendjemand ihn jemals lebend gesehen hätte. Wenn es nur um mich gegangen wäre, hätte ich ihm vielleicht sogar verzeihen können, aber Ma und Bing da mit reinzuziehen, war mehr als hinterfotzig.

Familie kann manchmal echt der letzte Dreck sein!

Ma behauptete irgendwann, sie hätte einen Teilzeitjob gefunden, aber eines Tages borgten Herc und ich uns das Auto seiner Mom und folgten ihr heimlich. Einige Blocks entfernt fuhr sie in eine kleine Seitenstraße, blieb dort mehrere Stunden stehen und fuhr wieder nach Hause. Das geschah immer öfter.

Wie gesagt, Ma hatte ihren Stolz.

»Essen gibt's nicht umsonst«, sagte sie immer. Sie wollte auf keinen Fall, dass Bing und ich sie sahen, wie sie einfach nur dasaß und wartete. Dass wir Onkel Mike so gesehen hatten, war für sie schon schlimm genug gewesen.

Ich wollte ihr unbedingt helfen und zahlte in jenem Monat heimlich die Miete. Als sie es herausfand, wurde sie wild.

»Ich weiß nicht, woher du dieses Geld hast, Ulysses. Aber du wirst es sofort wieder dahin bringen, wo es herkommt!«

Am Ende fand sie einen Job als Putzfrau. Wenn sie nach Hause kam, roch sie nach Ammoniak. Man konnte ihr ansehen, wie sehr sie darunter litt. Ma hatte zwar nur einen High-School-Abschluss, aber sie war trotzdem einer der klügsten Menschen, die ich kannte, und sie war daran gewöhnt, eher ihren Kopf als ihre Hände zu benutzen.

»Ma, ich kann helfen.«

Sie ignorierte mich. Morgens verließ sie sehr früh das Haus und kam erst spät zurück.

Auch wenn sie nicht arbeitete, war Ma häufiger unterwegs als sonst, genau wie Bing, aber noch immer wusste ich nicht, was eigentlich los war.

Aber auch meine Geschäfte liefen alles andere als rosig.

Crazy Betty war vorübergehend ihre Einnahmequelle losgeworden, weil sich eine ihrer »Töchter« die Hand an einer Herdplatte verbrannt hatte, und Betty war deswegen wegen Vernachlässigung der Aufsichtspflicht auf Bewährung. Vielleicht war sie wirklich high gewesen und hatte nicht aufgepasst, aber vielleicht passiert so ein Scheiß auch einfach, wenn man mit so krassen Kids zu tun hat. Wie dem auch sei – nur weil Bettys Geschäft nicht mehr lief, galt das noch lange nicht für mich.

»Eine verbrannte Hand ist kein Beinbruch«, sagte Crazy Betty.

Sie gab mir die Autoschlüssel für ihren verrosteten braunen Buick LeSabre, der schon seit Monaten auf der gegenüberliegenden Straßenseite stand. Dorthinein verlegte ich meine Verkaufsstelle. Der Wagen hatte zwar keine getönten Fenster, aber dafür hatte sich auf den Scheiben extrem viel Dreck angesammelt. Niemand konnte in den Wagen hineinsehen, und ich selbst konnte nur hinaussehen, wenn ich nach dem vereinbarten Code das Fenster herunterkurbelte. Die Prozedur war einfach: Zwei kurze Schläge an die Radkappe auf der Beifahrerseite und ich öffnete das Fenster, Geld rein, Ware raus.

Allmählich wurde es immer verrückter.

Der Weg von unserer Wohnung zum Auto wurde jeden Tag schwieriger. Ich musste Ma ausweichen, Bing austricksen und Harvey ignorieren. Wenn ich tagsüber auf der Straße unterwegs war, wurde ich manchmal von den Cops angehalten.

»Hast du keine Schule?«, fragte einer von ihnen. »Wenn du nicht zur Schule gehst, kannst du das College wohl abhaken«, sagte er, lachte laut und fuhr weiter. Jeder wusste, dass kaum jemand, der in der Hood aufwächst, jemals ein College von innen sehen würde.

Ich kam mir vor wie eine lebende Zielscheibe. Wenn meine Kunden mich so einfach finden konnten, war es für alle anderen

NIEMAND KONNTE IN DEN WAGEN HINEINSEHEN, UND ICH SELBST KONNTE NUR HINAUSSEHEN, WENN ICH NACH DEM VEREINBARTEN CODE DAS FENSTER HERUNTERKURBELTE. DIE PROZEDUR WAR EINFACH: ZWEI KURZE SCHLÄGE AN DIE RADKAPPE AUF DER BEIFAHRERSEITE, ICH ÖFFNETE DAS FENSTER, GELD REIN, WARE RAUS.

auch nicht viel schwieriger. Was mir dabei am meisten Sorgen bereitete, war die Sache zwischen Buddha und Chino, die mittlerweile vollkommen außer Kontrolle geraten war.

Immer mehr Leute gingen drauf. An einem Tag war es einer von Buddhas Homies, am nächsten zwei von Chino. Jeden Tag hagelte es Kugeln in Long Beach. Es gab so viele Schusswechsel, dass man sich wunderte, wenn es einmal still blieb. Tag und Nacht hallten lärmende Sirenen durch die Hood.

»Hier, du wirst sie brauchen«, sagte Buddha und reichte mir zwei Glock 9. »Wenn du 'ne Knarre rausholst, musst du auch die Eier haben, sie zu benutzen«, fügte er hinzu, während ich sie in meinem Rucksack verstaute.

Die ganze Auseinandersetzung hatte ein vollkommen neues Level erreicht. Einer von Buddhas Aufpassern checkte sogar regelmäßig, ob bei uns in der Gegend alles in Ordnung war.

»Ich verlass mich auf nichts«, sagte Buddha. »Und vergiss nicht: Niggaz, die dich ficken wollen, werden auch versuchen, deine Familie zu ficken.«

Ich sagte Bing, dass er für einige Tage auf krank machen und sich von der Straße fernhalten sollte.

Am Morgen danach verließ ich sehr früh das Haus, bezog meinen Posten in Crazy Bettys Auto und achtete darauf, dass Ma es sicher bis zu ihrem Wagen schaffte. Zu Harvey sagte ich kein Wort und insgeheim hoffte ich sogar, dass sich eine Kugel in seine Richtung verirren würde.

»Wie lange muss ich denn krank sein?«, fragte Bing.

»Bis ich dir sage, dass es dir wieder besser geht«, antwortete ich.

»Cool!«

Für Bing waren es Sommerferien mitten im Winter.

Als Ma an jenem Abend nach Hause kam, roch sie merkwürdig. Genauer gesagt, roch sie gar nicht. Ich hatte mich so an den Geruch von Ammoniak gewöhnt, dass es sofort auffiel, als er plötzlich verschwunden war.

Sie sah aus, als habe sie geweint, aber als ich näher kam, tat sie so, als wäre nichts.

»Hey Ulysses«, sagte sie mit schwacher Stimme.

»Ich bin müde. Ich geh jetzt ins Bett.«

Allein dafür hätte ich Onkel Mike umbringen können.

Sie so zu sehen, brach mir das Herz.

Alles lief schief.

Das Gleiche galt auch für Aisha und mich. Seit dem Vorfall auf der Party war über ein Monat vergangen und ich kam mir schon fast vor wie ein Stalker. Aber egal ob ich sie in der Schule überraschte oder in den Büschen vor ihrer Haustür lauerte – sie gab mir keine Chance. Und ich konnte es ihr nicht mal verübeln.

Ich war wie eine Palme in den Santa-Ana-Winden. Alles war außer Kontrolle geraten.

Sogar mit Herc gab es Probleme.

»Was ist denn los?«, fragte Herc. »Drei Partys hast du schon verpasst, und jetzt die vierte? Es liegt schon wieder an dieser Bitch, oder?!«

»Fick dich, Alter«, sagte ich. Dann packte ich ihn so fest am Kragen, dass sein Hemd zerriss und schubste ihn gegen die Wand.

»Nein – fick dich selbst, Nigga! Und nimm deine Pfoten weg. Ich würde dir die Fresse einschlagen, wenn wir sie nicht noch brauchen würden«, keuchte Herc. Er machte sich los. »Und du schuldest mir ein neues Hemd!«

Herc hatte keine Ahnung, was wirklich abging, aber wenn ich es ihm erklärt hätte, wäre auch er in Gefahr gewesen.

Als ich eines Abends nach Hause kam, hörte ich, wie Ma und Harvey sich anbrüllten.

»Was ist los?«, fragte ich, als ich die Wohnzimmertür aufgerissen hatte.

Das Geschrei hörte sofort auf.

»Nix ist los«, antwortete Harvey, während Ma sich wegdrehte. »Nur richtige Erwachsene, die richtige Erwachsenen-Dinge zu klären haben.«

»Vergiss es – erwachsen oder nicht: *Du* schreist meine Ma nicht an!!«

Harvey starrte mich wütend an und warf dann Ma einen so verrückten Blick zu, wie ich ihn noch nie zuvor an ihm gesehen hatte.

»Lass es, Ulysses«, sagte Ma.

»Aber Mom ...«

»Lass es!« Mit gesenktem Kopf ging sie in ihr Zimmer. Harvey lachte lautlos auf und folgte ihr.

»Warum hast du nichts gesagt?«, fragte ich Bing, nachdem ich in unser Zimmer gerannt war.

»Du bist doch nie da«, antwortete er. »Sie schreien sich ständig an. Die ganze Zeit!«

»Nächstes Mal sagst du mir Bescheid, verstehst du? Du sagst mir Bescheid!!«

Harvey hatte es tatsächlich geschafft, Bing einzuschüchtern. Scheiße! Ein anderer Mann hatte tatsächlich meinen Platz eingenommen.

Wir lebten immer noch zu viert, aber es war keine Liebe mehr da. Seit Harvey da war, war die Liebe verschwunden.

Fast die ganze Nacht dachte ich darüber nach, wie ich das ganze Chaos wieder in den Griff bekommen könnte. Irgendwas musste geschehen. Und zwar schnell.

Die Nacht ging zu Ende und der Morgen brach an.

»Kann ich bald wieder in die Schule?«, fragte Bing.

Uns beiden war klar, dass ihm allmählich die Ausreden ausgingen. Magenschmerzen, Erkältung und Migräne hatte er angeblich schon gehabt. Einmal hatte er sogar vorgegeben, an Verstopfung zu leiden.

»Nur noch ein paar Tage«, antwortete ich.

»Okay«, sagte Bing. »Aber was habe ich heute?«

»Durchfall!«

Er sah mich mit einem merkwürdigen Blick an und ging wieder ins Bett.

Zu allem Überfluss wollte Ma zu Hause bleiben, um sich um ihn zu kümmern.

Die Geschäfte liefen schlecht. Es war schon schwierig genug, aus Crazy Bettys Auto heraus zu verkaufen, aber durch die Gerüchte um Bing und Chino waren viele Kunden vorsichtig geworden. Sie kauften immer noch Dope, aber nicht mehr bei mir.

Am gleichen Abend wurden zwei von Buddhas Jungs in ihrem Wagen erschossen. In der folgenden Nacht ließ Buddha drei von Chinos Amigos auf der Straße regelrecht exekutieren. Es war die abgefahrenste Scheiße, die ich je erlebt hatte.

»Wenn es so weit ist, ist es so weit«, sagte Buddha. Er stand an seinem begehbaren Kleiderschrank und warf jede Menge Waffen in eine große schwarze Reisetasche. Dann zog er seine cremefarbene Trainingsjacke über und sagte: »Dein Arsch bleibt in dieser Wohnung, wenigstens für eine Weile. Wer zu nah am Feuer steht, verbrennt sich.«

»Auf keinsten, Mann. Vergiss es! Ich lass dich nicht allein«, erwiderte ich und folgte ihm, als er zur Wohnungstür ging.

»Du wirst tun, was ich dir sage«, warnte er mich. »Du bleibst, wo du bist!!«

Ich sah in seinen Augen, dass er wirklich meinte, was er sagte. Ich allerdings auch. Er sollte glauben, dass ich in der Wohnung bliebe. Sobald er weg war, würde ich einen Weg finden, an ihm dranzubleiben.

Durch den Spion beobachtete ich, wie er im Fahrstuhl verschwand. Als sich die Türen geschlossen hatten, nahm ich den Rucksack mit den beiden Knarren, rannte zum Treppenflur und raste die fünf Stockwerke hinunter.

Ich konnte nur hoffen, dass ich es schaffen würde.

Vierter Stock!

Schlimmer konnte es gar nicht werden – weder zu Hause noch auf der Straße.

Dritter Stock!

Tot wäre ich Bing und Ma keine Hilfe, aber ich konnte auch Buddha nicht im Stich lassen. Nicht nach allem, was er für mich getan hatte.

Zweiter Stock!

Wenn du ’ne Knarre rausholst, dann musst du auch die Eier haben, sie zu benutzen.

WENN MAN EIN MIKRO HAT, FÜHLT MAN SICH WIE EIN GOTT, UND EGAL WIE SEHR MAN VOM PUBLIKUM GEDISST WIRD ODER WIE SCHLECHT MAN IST – SO EINE MACHT GIBT MAN NICHT EINFACH SO WIEDER AUS DER HAND.

Die Glocks klapperten im Rucksack, der bei jeder Stufe gegen meinen Rücken prallte.

Erster Stock!

Unten angekommen, öffnete ich vorsichtig die Tür zur Tiefgarage. Der Schweiß rann mir von der Stirn und brannte in den Augen.

Bis auf eine flackernde Neonröhre war es dunkel. Der stechende Geruch von Urin hing in der Luft. Buddha kam aus dem Fahrstuhl und ging auf seinen Pick-up zu, in dem schon drei seiner Jungs saßen.

Langsam hob sich die automatische Garagentür. Das grelle Licht eines hereinkommenden Wagens erhellte die Garage. Jemand versuchte, eine Scheibe des Trucks herunterzulassen, aber es war zu spät.

Hilflos musste ich durch den Türspalt zusehen, wie eine Salve nach der nächsten abgefeuert wurde.

Buddha wurde getroffen. Als er auf den Pick-up zustolperte, sprang einer seiner Jungs aus dem Wagen, um ihm zu helfen, aber sofort wurden beide von dem Kugelhagel erfasst.

Es kam mir vor, als würden die Geschosse mir selbst das Fleisch zerfetzen. Mit seiner Waffe in der Hand knallte Buddha, von zahllosen Kugeln getroffen, direkt neben dem Pick-up auf den Boden. Als er reglos in seiner Blutlache lag, wurden die Scheinwerfer des Wagens abgedimmt. Die Tür öffnete sich.

Chino!

Mit vorgehaltener Waffe ging er langsam auf Buddha zu. Ohne ihn aus den Augen zu lassen, lud er die Waffe nach und ballerte aus nächster Nähe eine weitere Salve in Buddhas Körper.

Ich stand immer noch hinter der Tür und sah zu. »Der Scheiß hier ist nicht dein Leben. Wenn es zu Ende ist, ist es zu Ende«, hatte Buddha gesagt. Aber nicht so.

Nicht hier.

Nicht jetzt.

Dann stieß ich aus Versehen mit meinem Knie an die Tür.

Fuck!

Ich hielt den Atem an. Ob es jemand gehört hatte? Dann näherten sich Schritte.

Wenn es so weit ist, ist es so weit ...

Ich lud die Waffe, entsicherte sie und legte den Finger auf den Abzug.

Der Türknauf drehte sich.

Die Tür ging auf.

DOGGY TALES VOL. 1
ENDE

DANKSAGUNG

Ich schulde vielen Leuten Dank, die mir geholfen haben, dieses Buch zum Leben zu erwecken. Danke an Ted Chung, Tasha Hayward, Nykauni »Nikki« Tademy, Shon Don, Chris Jackson, Stephen Barnes, Kami Broyles, Michael Oppenheim von der GSO-Group, Larry Tyler und Sandy Cohen. Danke an meine Crew in der Firma, Jeff Kwatinetz, mein täglich Brot, Konstanze Schwartz, Kai Henry, Kevin Barkey. Dank an meinen Mann mit den Büchern, Alan Nevins. Respekt zolle ich Dave Talbert, der das Buch möglich gemacht hat. Und wie immer danke ich meiner Frau Shante und meinen Kinder Corde, Cordell und Cori.

SNOOP DOGG

Jene von euch, die mit meiner Arbeit vertraut sind, denken wahrscheinlich genau das, was ich auch gedacht habe, als mein Agent mir dieses Projekt vorschlug. Aber es brauchte nur eine einzige Unterhaltung mit Snoop, um festzustellen, dass wir unter dem ganzen Hype und Tamtam, von dem manches wahr ist und manches Fiktion, viel gemeinsam haben. Wir sind beide Lehrer, Prediger und Geschichtenerzähler. Wahrscheinlich fiel es uns deshalb so leicht, miteinander zu arbeiten. Es ist egal, ob man in Long Beach, Kalifornien, oder in den Capitol Heights, Maryland, aufgewachsen ist – die Erfahrungen in innerstädischen Schwarzenvierteln sind immer gleich.

Genau deshalb ist dieses Buch mehr als nur Unterhaltung. Es geht um die Dinge, die gut oder auch weniger gut sind, wenn man in der Hood aufwächst. Dieses Buch reflektiert wirkliche Erfahrungen aus der Sicht einiger der interessantesten Charaktere, die ich je kreiert habe.

Ich danke dem Schöpfer für die Gabe des geschriebenen Wortes. Ich ehre es, gehe damit verantwortungsvoll um und bin zutiefst dankbar für jede Möglichkeit, es mit anderen zu teilen. Ich danke meiner Frau Lyn dafür, dass sie mich immer über meine Bequemlichkeit hinaus angetrieben hat.

Danke an Alan Nevins, meinen Literaturagenten.

Danke an Constanze Schwartz, dass sie die Treffen ermöglicht hat – zumindest die meisten.

Malaika Adero, danke, dass du mich motiviert hast.

Matt Johnson, danke für die rechtliche Unterstützung.

Mein Kreativ-Kollektiv: Mike Prevett, mein italienischer Bruder, danke fürs Lesen, und noch mal lesen und noch mal lesen. Dich hat mir Gott gesandt. Lolita Files, ohne dich hätte ich es nie geschafft. Ab und zu sendet Gott uns einen Engel. Ich bin dankbar dafür, dass er dich geschickt hat ... und danke für die selbstgemachten Plätzchen. Diondre Jones, mein kleiner Bruder und Kumpan. Okay Novel! – ihr seid die Besten. Laura »Little Momma« Reid, meine Sneakers-Expertin – danke für deinen kreativen Input. Du bist als Nächste dran! Danke Maurice »Bootsy« Wilkinson, dass du alle Mitarbeiter dazu gebracht hast, den Text Korrektur zu lesen. Morgan State, Baby!

Und der letzte Dank geht an Calvin Broadus, aka Snoop Dogg. Danke für die Zusammenarbeit. Ich war schon immer ein großer Fan. Jetzt bin ich stolz, dich meinen Bruder nennen zu dürfen. Bis zum nächsten Mal ... lass dein Licht weiter scheinen, damit die Menschen deine guten Taten erkennen und den Herrn im Himmel loben. Amen.

Und noch einmal: Amen!

DAVID E. TALBERT

Ein autizzelndes Merci an die Hood-Experten Asam und First.

DER ÜBERSETZER

Snoop Dogg & David E. Talbert
LOVE DON'T LIVE HERE NO MORE
Doggy Tales Vol. 1

Genehmigte Lizenzausgabe. © der Übersetzung:
Schwarzkopf & Schwarzkopf Verlag GmbH, Berlin 2008
ISBN: 978-3-89602-809-9

Aus dem Amerikanischen übersetzt von Nico Laubisch
Lektorat: Christiane Lehmann
Titelfoto Snoop Dogg © United Archives
Titelgestaltung: Natalie Reed

Die Originalausgabe ist erschienen bei
Atria Books, einem Imprint von Simon & Schuster, Inc.
1230 Avenue of the Americas, New York, NY 10020

KATALOG
Wir senden Ihnen gern kostenlos unseren Katalog
Schwarzkopf & Schwarzkopf Verlag GmbH
Kastanienallee 32, 10435 Berlin
Telefon: 030 – 44 33 63 00
Fax: 030 – 44 33 63 044

INTERNET & E-MAIL
www.schwarzkopf-schwarzkopf.de
info@schwarzkopf-schwarzkopf.de